O DESTINO VEM DO BERÇO?
DESIGUALDADES E REPRODUÇÃO SOCIAL

CAMILLE PEUGNY

Tradução:
VANINA CARRARA SIGRIST

O DESTINO VEM DO BERÇO?

DESIGUALDADES E REPRODUÇÃO SOCIAL

Título original: *Le destin au berceau:*
Inégalités et reproduction sociale
© Éditions du Seuil et La République des Idées, 2013.

Tradução	Vanina Carrara Sigrist
Capa	Fernando Cornacchia
Coordenação	Beatriz Marchesini
Copidesque	Julio Cesar Camillo Dias Filho
Diagramação	DPG Editora
Revisão	Ana Carolina Freitas, Cristiane Rufeisen, Edimara Lisboa e Isabel Petronilha Costa

Dados Internacionais de Catalogação na Publicação (CIP)
(Câmara Brasileira do Livro, SP, Brasil)

Peugny, Camille
 O destino vem do berço?: Desigualdades e reprodução social/ Camille Peugny; tradução Vanina Carrara Sigrist. – Campinas, SP: Papirus, 2014.

Título orginal: Le destin au berceau: Inégalités et reproduction sociale.
Bibliografia.
ISBN 978-85-308-1132-7

1. Democratização da educação – França – 1970- 2. Reprodução social – França – 1970- I. Título.

14-02989   CDD-305.0944

Índice para catálogo sistemático:
1. França: Desigualdade e reprodução social:
  Grupos sociais   305.0944

1ª Edição – 2014

Exceto no caso de citações, a grafia deste livro está atualizada segundo o Acordo Ortográfico da Língua Portuguesa adotado no Brasil a partir de 2009.

Proibida a reprodução total ou parcial da obra de acordo com a lei 9.610/98.
Editora afiliada à Associação Brasileira dos Direitos Reprográficos (ABDR).

DIREITOS RESERVADOS PARA A LÍNGUA PORTUGUESA:
© M.R. Cornacchia Livraria e Editora Ltda. – Papirus Editora
R. Dr. Gabriel Penteado, 253 – CEP 13041-305 – Vila João Jorge
Fone/fax: (19) 3272-4500 – Campinas – São Paulo – Brasil
E-mail: editora@papirus.com.br – www.papirus.com.br

Você é o filho de um assalariado, trabalhador, empregado, agricultor. Salvo um acaso providencial, seu destino é permanecer um assalariado por toda a vida. Veja só, bem ao seu lado, na rua vizinha, o filho de um possuidor, de um detentor de capitais. Apenas sob circunstâncias extraordinárias, ele será sua vida inteira, direta ou indiretamente, um patrão. (...) Alguém nos responderá: a sociedade distribui a cada um de seus membros o papel, a tarefa que convém a suas faculdades. É necessário que um comande e que o outro execute, que um trabalhe com sua mente e o outro com seus braços. Assim, são necessários homens para todas as tarefas, e seria absurdo que cada um pretendesse comandar os outros. Mas onde encontramos a certeza de que o filho do possuidor tenha sido mais digno que o filho do proletário? Quando, pois, medimos contraditoriamente suas aptidões, isto é, sua inteligência e sua cultura? Um é mais instruído que o outro? É que um primeiro privilégio, uma primeira distinção arbitrária os separou, desde quando suas consciências despertavam para a vida.

León Blum, *Pour être socialiste*, 1919

AGRADECIMENTOS

Este trabalho deve muito às inúmeras trocas de experiência que tive durante diversos anos e em diferentes ocasiões com meus colegas da Universidade Paris VIII e do Cresppa-CSU: que eles recebam meus sinceros agradecimentos, assim como Vincent Tiberj, que me encorajou a me lançar nesta tarefa incerta que é a escrita de uma obra. Agradeço igualmente a Jeanne Méry, que quis de bom grado ser minha primeira leitora, quando de seu estágio com a equipe do CSU, assim como a Pascale Gérard, pelas reflexões compartilhadas nesses últimos anos sobre a seguridade dos percursos profissionais e a formação "ao longo de toda a vida".

SUMÁRIO

PREFÁCIO À EDIÇÃO BRASILEIRA 11
Marcio Pochmann

APRESENTAÇÃO À EDIÇÃO BRASILEIRA 15

INTRODUÇÃO 19
A transmissão das desigualdades 21
O retorno do social 23
O naufrágio do "mérito" 24

1. A MIRAGEM DAS SOCIEDADES "MÉDIAS" 27
O fim anunciado das classes sociais 28
As teorias da medianização 30
A diminuição da reprodução social 33
O aumento do rebaixamento social 36
Mobilidade de uns, imobilidade de outros 41
Uma "medianização" subjetiva? 45

2. VINTE E CINCO ANOS DE REPRODUÇÃO SOCIAL 47
O fim do "progresso geracional"? 48
As desigualdades internas das gerações 51
A precarização dos jovens 54
O peso persistente da reprodução social 57
A reprodução "pela base" 59
A reprodução "pelo topo" 62
Diplomas e rendimentos: A intensificação da reprodução 64
Da observação sociológica à ação pública 68

3. OS PONTOS CEGOS DA DEMOCRATIZAÇÃO ESCOLAR 71
Os limites da massificação escolar 72
Que democratização escolar? 76
Escalonamento em todas as etapas 80
Escola e mobilidade social 82
A escola, uma "agência de seleção" 88

4. A IGUALDADE AO LONGO DE TODA A VIDA 91
Por uma escola realmente democrática 92
A escola e o monopólio da formação 99
Pensar a formação no curso da vida 101
Um dispositivo universal de acesso à formação 103

CONCLUSÃO
DA SOCIEDADE HEREDITÁRIA À UNIVERSALIDADE DE DIREITOS 115

REFERÊNCIAS BIBLIOGRÁFICAS 121

PREFÁCIO
À EDIÇÃO BRASILEIRA
*Marcio Pochmann**

A Papirus Editora presenteia o leitor de língua portuguesa com a publicação do presente livro de autoria do sociólogo francês Camille Peugny. Não poderia chegar em melhor hora, uma vez que o autor coloca com maestria o debate fundamentado sobre o contínuo processo de reprodução social e de desigualdades no capitalismo.

Mesmo depois de mais de dois séculos da Revolução Francesa (1789), na maioria das vezes, as condições de nascimento dos indivíduos seguem determinando seus destinos. Conforme destaca Peugny, a mobilidade social não se apresenta suficiente para desfazer a estrutura de classes presente no interior de cada uma das sociedades capitalistas.

Neste início do terceiro milênio, por exemplo, sete em cada grupo de dez operários franceses permanecem vinculados aos

---

* Professor do Instituto de Economia e pesquisador do Centro de Estudos Sindicais e de Economia do Trabalho, ambos da Universidade Estadual de Campinas.

empregos subordinados após concluírem seus estudos. Situação inversa pode ser observada nas classes superiores, com o predomínio das ocupações de supervisão.

Além dessa inequívoca contribuição acerca do funcionamento contemporâneo das sociedades capitalistas, com seus mecanismos atuais de transmissão das desigualdades e reafirmação das classes sociais, o livro termina por espetar a nervura de dois aspectos de grande interesse dos brasileiros: o primeiro acerca das precárias condições gerais de reprodução social nos países desenvolvidos após o fim dos anos dourados do capitalismo organizado.

De forma destoante, o Brasil emerge com um novo modelo social, o que tem permitido seguir em direção oposta à expansão das desigualdades registradas nas economias capitalistas avançadas. A melhora na repartição interpessoal da renda da população e a elevação da participação do rendimento do trabalho no conjunto da renda nacional constituem eventos alvissareiros e desconexos da realidade observada nos países ricos.

Mas por quanto tempo tende a permanecer a positiva diminuição no contingente de pobres e na melhora da repartição da renda no Brasil? O leitor, certamente agraciado pela excelente análise desenvolvida por Camille Peugny para países de capitalismo avançado, sente-se estimulado a prosseguir nas reflexões sobre os desafios do combate à pobreza e às desigualdades, especialmente em países que trilham os primeiros passos nesse sentido, como o Brasil.

Depois de ter apresentado importante trajetória de diminuição no grau da desigualdade de renda e superado a situação da pobreza extrema por quase três décadas que se seguiram ao encerramento da Segunda Guerra Mundial, o professor Peugny da Universidade Paris VIII constata uma escandalosa inflexão. Atualmente os indicadores sociais expressam retrocessos alarmantes no que diz respeito tanto à precarização dos trabalhadores como à crescente concentração de renda e riqueza.

A grave crise global desatada em 2008 tornou ainda mais difícil o quadro social nos países ricos, sobretudo pela sequência das políticas de ajuste neoliberal. O mesmo não pode ser dito em relação ao Brasil, que adotou uma modalidade de políticas públicas distinta, com resultados favoráveis às classes trabalhadoras e pobres em geral.

Um segundo aspecto de grande interesse dos brasileiros associa-se à perspectiva, definida por alguns, sobre o possível esvaziamento da polarização social ante a crença do desaparecimento das classes sociais. Conforme revelado por Peugny, o inegável processo de homogeneização social ocorrido por quase 30 anos desde o segundo pós-guerra nas nações desenvolvidas deu lugar mais recentemente à corrosão inquestionável do modelo de sociedade assentada nas classes médias.

A imposição de uma nova divisão internacional do trabalho a partir das cadeias globais de valor e da concentração da manufatura nos países asiáticos, sobretudo a China, termina por esvaziar as possibilidades de expansão das classes médias como observado anteriormente pela combinação do sistema fordista de produção com avanços no Estado de Bem-Estar Social. É nesse sentido que se confirmam as desigualdades ao longo da vida, inclusive com a escola acentuando o seu papel de agência seletiva e enfraquecendo a educação como pressuposto democratizante da sociedade.

Em pleno capitalismo da produção cada vez mais desmaterializada, com o predomínio das ocupações assentadas no trabalho imaterial, o progresso geracional encontra-se em xeque, assim como a desigualdade maior entre as gerações, sobretudo juvenil. Ganha relevo, portanto, aos olhos dos brasileiros, a temática da ascensão social experimentada desde o início do século XXI.

Enquanto prossegue a tergiversação nacional sobre a constituição de "nova classe média", para alguns, ou o alargamento das classes trabalhadoras por inclusão de segmentos do subproletariado à margem de tudo, para outros, permanece, em plano inferior, o debate a respeito do futuro da mobilidade social no país, especialmente se tomarmos a realidade nos países desenvolvidos como referência.

A persistência da linha crítica adotada por Peugny mostra-se fundamental para entender a dimensão atual do mundo, em que o capital consolida degradante processo de reprodução social. Ademais, motiva o debate acerca da perspectiva de construção de uma sociedade superior, por meio de proposições voltadas à reversão das desigualdades e à afirmação da universalidade dos direitos, na parte final do livro.

Boa leitura.

APRESENTAÇÃO
À EDIÇÃO BRASILEIRA

A experiência francesa poderia ser capaz de produzir ensinamentos úteis em outros lugares e outros contextos? Essa foi minha primeira reação quando soube que este livro seria traduzido para o leitor brasileiro. Na verdade, mesmo que apresente certos elementos de comparação com outros países europeus, *O destino vem do berço? Desigualdades e reprodução social* é uma obra extremamente enraizada na sociedade francesa.

Afinal, qual é seu propósito? Trata-se de demonstrar que, apesar de meio século de massificação escolar, a reprodução das desigualdades perdura em um nível muito elevado no seio de uma sociedade que adora comemorar a igualdade das oportunidades. Na França da década de 2010, alguns anos depois do término de seus estudos, 70% dos filhos de operários ocupam cargos de operário, ao passo que na outra ponta da hierarquia social 70% dos filhos de executivos ocupam cargos de chefia.

Três ensinamentos gerais podem ser extraídos dessa constatação, que, para além da especificidade da situação francesa, valem provavelmente para a maioria dos países e sociedades. Primeiro: não é suficiente melhorar as taxas de escolarização para melhorar a igualdade das oportunidades. Esse argumento pode parecer trivial, mas ele é frequentemente ocultado nas políticas públicas. A experiência francesa mostra que, se a massificação escolar é acompanhada de uma classificação aguda dos diferentes níveis do sistema educativo, não se deve esperar nenhum progresso tangível em matéria de mobilidade social. Tal resultado ultrapassa o caso francês em particular e foi evidenciado em numerosos trabalhos sociológicos, na Europa e nos Estados Unidos. Desse ponto de vista, a experiência da política dos "80% dos jovens com idade para o *baccalauréat*",* impulsionada na França desde o início dos anos 1980, ilustra bem a maneira como as desigualdades *quantitativas* de acesso a um nível do sistema educativo ou a um diploma específico podem ser suplantadas por desigualdades *qualitativas* vinculadas ao tipo de diploma ou à carreira escolhida. É verdade que as crianças das classes populares francesas estão completando o *bac* com mais frequência atualmente, mas elas ficam concentradas nos cursos profissionalizantes, ao passo que as categorias mais prestigiadas dos cursos de formação geral, principalmente as científicas, segregam socialmente hoje ainda mais que no passado.

O segundo ensinamento da experiência francesa: a necessidade de lutar muito precocemente contra as desigualdades

---

* O termo *baccalauréat* designa o diploma nacional que é obtido ao fim do ensino médio e que serve como etapa inicial ao ensino superior, uma vez que o documento é obrigatório na França para o ingresso nas universidades. Todos os alunos egressos do ensino médio passam por esse exame, à semelhança, nesse sentido, do Exame Nacional do Ensino Médio (Enem), aplicado no Brasil, cujos resultados permitem que os candidatos conquistem vagas em universidades públicas concorridas. Daqui em diante, será utilizada a abreviação *bac*, usual em francês. (N.T.)

sociais de sucesso escolar, desde os primeiros anos de escolarização. Na verdade, para além das diferenças individuais, as crianças advindas dos meios sociais mais dotados de capitais econômicos e culturais estarão sempre em vantagem no sistema educativo. Antes que seja muito tarde e por meio de uma ação política e educativa resoluta, é nos primeiros anos de escolarização que é possível aliviar o peso da origem social. Também aqui o caso francês mostra os limites de um sistema elitista que emprega pouquíssimos meios no ensino fundamental. Para resumir, é um tanto absurdo imaginar que a batalha para a igualdade das oportunidades começa na entrada ao ensino superior, considerando que metade dos filhos de operários, no caso francês, interrompe seus estudos antes da obtenção do *bac*, último diploma do ensino médio. O terceiro ensinamento nos leva para fora da escola e diz respeito, mais amplamente, ao papel do Estado e do poder público. A comparação europeia, sugerida no último capítulo deste livro, mostra bem claramente que os países onde a reprodução das desigualdades é mais fraca (principalmente os países do norte da Europa) são também aqueles onde o Estado faz funcionar dispositivos que garantam e financiem o acesso à autonomia dos jovens. Em contrapartida, os países que deixam ao mercado (como nos liberais anglo-saxões) ou à família (como nos do sul da Europa) a responsabilidade de acompanhar os jovens à idade adulta são aqueles onde a vantagem e a desvantagem social são transmitidas mais intensamente entre as gerações. Eu quis demonstrar, nesta obra, que as políticas públicas tinham uma incidência concreta sobre a reprodução das desigualdades, mas também sobre as percepções subjetivas das gerações que sobem e sua capacidade de se projetarem no futuro. Na verdade, indo além de números abstratos, tudo depende da coesão social de um país.

Espero que esses três ensinamentos, retirados da experiência francesa, despertem o interesse dos leitores brasileiros, com os quais estou muito contente de partilhar os resultados de meu trabalho de pesquisa, e aos quais desejo uma boa leitura.

Camille Peugny

INTRODUÇÃO

Atualmente na França, sete de cada dez filhos de executivos exercem uma função de comando alguns anos depois do término de seus estudos. Inversamente, sete de cada dez filhos de operários continuam enquadrados em funções de execução. Mais de dois séculos após a Revolução, as condições de nascimento ainda determinam o destino dos indivíduos. Não nos tornamos operários, nascemos operários.

É claro que, ao longo do tempo, a sociedade francesa abriu-se consideravelmente. Ao longo de todo o século XX, as reviravoltas da estrutura social e os progressos da educação levaram um número crescente de indivíduos a ascender no espaço social e a se elevar em relação à condição de seus genitores. Outrora excepcional, a mobilidade social tornou-se uma constante estatística na França e na maioria das sociedades ocidentais.

Entretanto, a sociedade francesa permanece minada por suas desigualdades. Enquanto os 10% dos franceses mais afortunados concentram a metade da riqueza nacional, os altos rendimentos voam para longe, e a pobreza espalha-se, atingindo mais de oito milhões de indivíduos. Do ponto de vista da mobilidade social, a constatação é terrível: entre o início dos anos 1980 e o fim dos anos 2000, a intensidade da reprodução social não arrefeceu, pelo contrário – ainda que esse período tenha sido marcado por uma massificação escolar de grande extensão.

Para a sociedade francesa, que fez da escola a principal via de mobilidade social, é a constatação de um fracasso: o declínio da imobilidade social resta extremamente modesto diante do esforço despendido durante os últimos 50 anos. Em termos de democratização, o balanço da massificação escolar é, portanto, muito fraco. Fundamentalmente elitista, a escola da República se preocupa com o sucesso de alguns indivíduos, superestimados em meio aos grupos sociais mais favorecidos, aos quais ela oferece o luxo da excelência, ignorando muito frequentemente o destino dos "vencidos" na competição escolar, cuja promessa é serem socialmente relegados. Este é o paradoxo da sociedade francesa: ela atribui uma importância desmesurada ao diploma obtido ao término da formação inicial, ao passo que a competição escolar é socialmente desnivelada desde o início, tamanho o peso da origem social nos percursos e nos resultados escolares.

Para conseguir soltar as amarras da reprodução social, é preciso acabar com o mito de uma República "meritocrática" e tornar a escola realmente democrática. Sobretudo no momento em que as carreiras alongam-se e a exigência de mobilidade não para de ser afirmada, é inaceitável que o destino dos indivíduos esteja engessado tão precocemente. Uma sociedade fragilizada pela mundialização não pode dar por encerrado seu trabalho de equalização das condições na conclusão da formação inicial (mesmo que a escola se torne menos injusta e mais meritocrática). É preciso multiplicar as *ocasiões de igualdade* e, para tanto, repensar o lugar da formação inicial e sua articulação com o que deveria ser – para além dos *slogans* tantas vezes repetidos – um verdadeiro *dispositivo universal de formação* ao longo de toda a vida, garantido pelo poder público e seus parceiros sociais.

Na França, um programa como esse advém da revolução cultural. Mas há urgência: a persistência de uma forte reprodução, traço principal da sociedade francesa, ameaça cada vez mais a coesão social. Em uma democracia moderna, uma criança deve poder conduzir sua vida com outros mapas além daqueles encontrados em seu berço.

A transmissão das desigualdades

Se o tema das desigualdades entre gerações encontrou uma ressonância midiática considerável nos últimos anos, sua importância poderia declinar com o tempo. No cerne dos Gloriosos Trinta,* os primeiros que nasciam no *baby-boom* com certeza entravam no mercado de trabalho em condições ideais: forte crescimento, pleno emprego, difusão rápida do assalariado médio e superior etc. Esse francamente não era mais o caso das gerações nascidas 15 ou 20 anos depois, tanto que, comparados à geração que os precedeu, os indivíduos nascidos nos anos 1960 deparam com destinos claramente menos invejáveis. Todavia, à medida que se

---

* Os Gloriosos Trinta é a tradução comumente usada para a expressão *Les Trentes Glorieuses*, cunhada por Jean Fourastié em um livro homônimo, ao se referir aos 30 anos de prosperidade econômica e melhorias salariais e sociais que sucederam a Segunda Guerra Mundial na França (1945-1975). (N.T.)

prolonga a crise aberta nos anos 1970, um novo fenômeno aparece: as gerações que se sucedem confrontam-se com dificuldades idênticas.

A "grande transformação" do capitalismo industrial, que reduz a estilhaços o compromisso social dos Gloriosos Trinta (ver Castel 2009), afeta o percurso de todas as gerações que buscam entrar no mercado de trabalho a partir dos anos 1980, período em que o desemprego dos jovens ativos já ultrapassa os 20%.

Desde então, a geração dos anos 1940 é vista tal como é: uma geração que pôde se inserir em um contexto econômico excepcionalmente favorável. É sempre possível aí se inserir para estudar o destino das gerações bem-sucedidas, mas essa comparação tende a perder sua pertinência inicial. Os jovens de 2013, que buscam adentrar o mercado de trabalho, começam por ser precisamente os filhos das gerações nascidas nos anos 1960. A partir disso, o que se destaca é a maneira com que seus caminhos dependem dos recursos econômicos, sociais e culturais de seus pais. Dito de outra forma, à medida que a referência dos primeiros *baby-boomers* distancia-se no tempo, é principalmente a intensidade da transmissão das desigualdades entre as gerações que aparece com força. Em uma sociedade despedaçada por três décadas de crise, as condições do nascimento determinam mais e mais rigorosamente as "chances de vida" dos indivíduos.

Essa constatação é, ao mesmo tempo, banal e perturbadora. Banal, porque ninguém nega hoje, como tampouco no passado, a importância das desigualdades ligadas ao nascimento. E perturbadora por dois motivos: primeiro, porque ela implica pensar a sociedade como tensionada por grandes antagonismos sociais, no momento em que a importância do social tende a ser diminuída; segundo, porque ela abala os "discursos do mérito" nos quais mergulhamos, desmantelados pela persistência de uma reprodução massiva das desigualdades.

O retorno do social

A fraca atenção dirigida ao tema da reprodução social não se explica apenas pelo sucesso midiático do tema das desigualdades entre gerações. Ela se explica, mais amplamente, pela crescente invisibilidade do social e, antes de tudo, pela diminuição de análises em termos de classes sociais. Assim que, nos anos 1960, certos sociólogos proclamam, na França e nas outras sociedades ocidentais, o atestado de óbito das classes sociais, o argumento da mobilidade social torna-se essencial para sua demonstração. Na realidade, para além da diminuição das desigualdades econômicas e educacionais, a redução da imobilidade social parecia um sinal de que as fronteiras entre as classes estavam cada vez mais porosas: se os indivíduos podem mudar de grupo social, e assim o fazem de modo mais numeroso, então a sociedade torna-se um contínuo de posições sociais, uma escada pela qual os indivíduos podem subir, ou escorregar. Sendo assim, uma leitura em termos de classes sociais não parece mais pertinente para as sociedades de abundância, nas quais, a despeito de grandes desigualdades, cada qual pode entrever, dentro de um prazo relativamente curto, uma melhora sensível de suas condições de existência.

Mas hoje tudo mudou. A certeza de um futuro melhor cedeu lugar ao temor, e frequentemente à realidade, do rebaixamento social. O movimento de redução das desigualdades que acompanhou o fim dos Gloriosos Trinta estagnou-se há mais de 15 anos. Entretanto, para muitos, o conceito de classe social e, mais ainda, o de reprodução social continuam a figurar no rol dos conceitos empoeirados, datados, até mesmo marxizantes, vinculados à velha atmosfera dos anos 1960, quando Pierre Bourdieu e Jean-Claude Passeron deram a essa noção um conteúdo teórico e empírico (Bourdieu e Passeron 1964 e 1975).

Essa negação do social transparece nos termos utilizados por inúmeros comentadores para descrever a sociedade francesa. Depois de tê-la descrito "em depressão" em seu relatório de 2010, o mediador da República via em 2011 uma França "à beira do *burn-out*", termo utilizado para descrever o esgotamento profissional de certos assalariados. Desse modo, à medida que se estende a precariedade, a sociedade francesa é descrita como um corpo ou um espírito doente, e essa "psicologização" do social permite dissimular as dinâmicas profundas de uma sociedade esquartejada pelas desigualdades.

Enfim, os próprios indivíduos parecem, às vezes, negar a existência das classes sociais, preferindo se identificar com amplas "classes médias" que se encontram, de agora em diante, no centro das atenções, a ponto de serem consideradas "à deriva" ou, ao contrário, em ascensão, defendendo ou melhorando suas posições. Ora, a persistência de uma forte reprodução social abala o mito das sociedades médias. Os destinos nesse momento opostos dos filhos de operário (ou de empregado) e dos filhos de executivo sublinham em que medida existem universos de vida diferentes e determinismos que contrariam nossa necessidade de nos imaginarmos atores de nossa própria existência.

O naufrágio do "mérito"

A glorificação do mérito é o corolário lógico da invisibilidade do social: uma vez que os antagonismos sociais são negados, cada indivíduo é elevado à categoria de ator responsável por suas escolhas, seus sucessos e insucessos. Essa onipresença do mérito, nos discursos que a sociedade produz sobre si mesma, é de fato paradoxal em uma época em que a precariedade não para de avançar. Por exemplo, se fosse, a rigor, concebível responsabilizar os desempregados por sua situação na era do pleno emprego, incriminá-los na era do desemprego em massa parece completamente incoerente.[1] Assim, as franjas mais frágeis da população não apenas devem enfrentar riscos acentuados de desqualificação social, mas lhes é apontado, além disso, o dedo: no momento do "mérito" e da "igualdade de chances", os indivíduos devem prestar contas e carregar o fardo de suas próprias dificuldades.

"Quando queremos, podemos", diz o adágio: cada um é senhor de seu destino e merece um destino à altura de seus esforços. Claro que alguns elementos brilhantes saídos das classes desfavorecidas se distinguem por seus percursos desafiarem as leis da estatística; porém, exceto se considerarmos que as crianças das classes populares são por natureza menos inteligentes ou menos corajosas que aquelas bem nascidas, o destino excepcional de alguns poucos não conseguiria legitimar os obstáculos fincados sobre o caminho da maioria.

A persistência de tal determinismo do nascimento estilhaça o mito da meritocracia na sociedade em geral e na "escola da República" em particular. Na verdade, a abrangência da reprodução das desigualdades ao longo das gerações mostra que a distribuição dos indivíduos na hierarquia social não acontece por acaso, mas segundo lógicas ligadas ao nascimento, à infância e à socialização em diferentes meios sociais. Indo além, é a sociedade, em sua forma de funcionar e nas "regras do jogo" que ela cria, que está na origem da reprodução das desigualdades.

---

1. Paugam e Duvoux (2008) mostraram a que ponto o olhar lançado aos pobres tinha se transformado profundamente, passando da compaixão à estigmatização.

# 1
A MIRAGEM DAS SOCIEDADES "MÉDIAS"

O conceito de reprodução social não é neutro. Ele penetra no próprio cerne da estratificação social e da organização das sociedades. A evocação de uma reprodução das desigualdades no suceder das gerações é, portanto, indissociável de uma análise de classes sociais que os Gloriosos Trinta pareciam ter enterrado definitivamente. Diante do rápido aumento do nível de vida e da extensa difusão do assalariado médio e superior, alguns sociólogos, com efeito, chegaram à conclusão da irresistível "medianização" das sociedades ocidentais. Intimamente vinculado à análise marxista das sociedades industriais, o conceito de classe social parecia, então, extremamente obsoleto, inadaptado às estruturas sociais profundamente chacoalhadas pela terceirização da economia. Nessas teorias da medianização, o decréscimo da reprodução constituía-se como argumento central.

Três décadas depois, essa análise parece ela própria obsoleta. O fim do período de forte crescimento, a entrada em um período prolongado de crise econômica e a "elevação das incertezas" que lhe sucede para grandes parcelas da população interromperam o movimento de redução das desigualdades. As transformações profundas do capitalismo abalaram os fundamentos do compromisso social dos Gloriosos Trinta. A certeza de um porvir melhor foi substituída pelo medo do rebaixamento social e, muito frequentemente, por sua real presença. Nesse contexto, a origem social volta a ser determinante nos percursos de vida. Ainda mais, a dicotomia da estrutura social entre "ganhadores" e "perdedores" da mundialização novamente polariza os destinos sociais e torna ainda mais estreitas as vias da mobilidade.

O fim anunciado das classes sociais

O sociólogo americano Robert Nisbet (1959) foi um dos primeiros a atestar o óbito das classes sociais. Sua proposta era simples: se o conceito de classe social é útil na análise histórica das sociedades, ele é inoperante nas sociedades ocidentais dos anos 1950. Explicitada por Louis Chauvel (2001), sua argumentação demonstrava que, em dois dos três níveis da estratificação social, as desigualdades entre os grupos sociais diminuíam. Se Nisbet pouco menciona a questão da ordem social e da evolução do prestígio das diferentes posições sociais, sua argumentação é mais encorpada, em se tratando de ordem política e econômica. Quanto a esta, além da elevação do nível de vida das categorias populares e seu crescente acesso ao consumo de massa, a difusão da propriedade em seu meio é um golpe fatal nas classes sociais marxistas. Dentro da ordem política, Nisbet cita a difusão do poder no seio de todas as categorias sociais e sublinha, sobretudo, o declínio do "voto de classe". No fim das contas, diminuição das desigualdades econômicas e desestruturação dos comportamentos de classe indicam a inadequação do conceito de classe social nas sociedades da abundância.

Na França, foi provavelmente Henri Mendras (1988) que levou mais longe a descrição de uma sociedade sem classes sociais. Em *La seconde Révolution Française*, não se contenta em anunciar o fim das classes: prosseguindo o raciocínio, propõe uma outra forma de representação da estrutura social. O "esmigalhamento das classes sociais" por ele descrito é aquele das três grandes classes identificadas no início do século XX: a burguesia, a classe operária e o campesinato. Seguindo a definição marxista como em filigrana, para cada uma delas ele descreve o desaparecimento de grupos "em si" e "para si". Em uma França que se tornou industrial mais tardiamente do que os outros países europeus, o setor agrícola ainda ocupava um lugar muito importante logo após a Segunda Guerra Mundial. Depois, a quantidade de agricultores diminui de maneira rápida e constante. É o "fim dos camponeses": acrescentam-se a esse declínio quantitativo a urbanização dos modos de vida rurais e, com ela, o fim da "cultura camponesa".

Segundo Mendras, a França conheceu somente duas gerações de proletários: a da Frente Popular e a que, nascida entre as duas guerras, assume o turno nos anos 1950. Em seguida, levando tudo por onde passam, os Gloriosos Trinta transformam profundamente o mundo operário e sua cultura, de tal maneira que os operários do fim dos anos 1960 mais se pareceriam "empregados do que operários" (Mendras 1988). Quanto aos burgueses, aqueles dos anos 1980 eram apenas parentes distantes das elites do começo do século: a crise de 1929 resultou na extinção da burguesia que vivia de rendas e, dali em diante, mesmo os que podiam viver do rendimento de seu patrimônio "se sentem obrigados a ter uma atividade remunerada e vivem, primeiramente, de seu trabalho e, apenas complementarmente, de sua fortuna" (*ibidem*). Definitivamente, além da extinção do que garantia a identidade de cada uma das três classes, é a dissolução de seus antagonismos consubstanciais que aceleraria sua decomposição.

Além dessa análise histórica, é verdade que a elevação rápida e constante do nível de vida nos anos 1960 permitiu a todas as categorias sociais, e notadamente às mais desfavorecidas, acreditar em uma melhora considerável de sua condição de vida dentro de um prazo razoável.[1] E mais, a instauração desde 1945 da seguridade social, prevista no programa do Conselho Nacional da Resistência, ajudou a proteger todos os assalariados dos principais riscos de vida: uma vez que o Estado-providência vincula proteções ao trabalho, o trabalhador adquire um estatuto (Castel 2006). Observando, em um texto pouco conhecido, os efeitos dessas metamorfoses sobre a estrutura social de uma pequena vila bretã, Edgar Morin (1967) sublinha em que medida o acesso ao salário constituiu uma promoção social para os filhos de camponeses. Em Plodémet, as populações não agrícolas vivem um movimento de "emburguesamento geral" e, na vila assim lançada ao progresso, os camponeses figuram como contraponto, precisamente porque são acusados de ficar distantes de uma modernidade que tinha se tornado possível pelo desenvolvimento do assalariado e pela elevação do nível de vida.

As teorias da medianização

A diminuição das desigualdades econômicas é um argumento importante para aqueles que anunciam o fim das classes sociais. Ainda assim, ela não é senão um pilar das teorias da "medianização" das sociedades ocidentais. As classes médias, indefiníveis por natureza, sempre causaram muitas dificuldades aos sociólogos.

---

1. Chauvel (2006) estimou em 3,5% o aumento anual médio do poder de compra durante os Gloriosos Trinta, considerando duas vezes mais em menos de 20 anos.

Assim que Marx descreve a luta mortal entre duas classes antagonistas no modo de produção capitalista, ele depara com indivíduos e grupos que não pertencem nem à burguesia proprietária dos meios de produção, nem ao proletariado explorado. Em alguns escritos, ele se entrega, então, a uma análise mais fina da estratificação social, ao distinguir fragmentos de classe: pequenos comerciantes, pequenos proprietários, agricultores, aristocracia financeira etc. Todavia, Marx prevê que a cristalização das relações sociais que acompanha o desenvolvimento do capitalismo soaria a morte da maioria desses grupos intermediários que não podem empregar os meios da grande indústria e que virão inchar o setor do proletariado. Quanto aos outros, muito mais raros, mas suficientes para se reunirem aos proprietários dos meios de produção, eles fruirão da situação da burguesia: "quanto mais a classe dominante for capaz de integrar os homens eminentes das classes dominadas, mais durável e perigosa será sua dominação" (Marx e Engels 1996).

Na virada do século XIX, Georg Simmel (1981) abre uma brecha no esquema marxista, ao propor a primeira análise sociológica da classe média, cuja expansão numérica é por ele observada. Longe de ser apenas uma terceira classe que viria simplesmente se somar às outras duas, a classe média, segundo ele, tem um papel decisivo no processo de mudança social. Mendras, comentando a publicação de uma coletânea de textos de Simmel na *Revue Française de Sociologie* em 1983, destaca a intuição do filósofo alemão, para quem a classe média "faz contínuos intercâmbios com as outras classes", flutuações que "apagam as fronteiras e as substituem por transições perfeitamente contínuas" (Mendras 1988, p. 59). Aí está o ponto essencial: se a classe média está em permanente interação com as outras duas, então, segundo Mendras, "ela perverte-as". Ela injeta "suas próprias características" nas duas classes extremas, que "começam a se parecer mais com a classe média do que com o proletariado e a burguesia" (*ibidem*). No fim das contas, é propriamente a organização da sociedade em classes sociais que se dissolve, enquanto cresce a influência de uma classe média mais e mais numerosa.

Mendras mostra-se muito influenciado por Simmel, já que propõe sua própria representação da sociedade francesa do início dos anos 1980. Fiel à sua análise do esmigalhamento das classes sociais, ele decide renunciar ao "esquema" piramidal, que implica uma linha vertical de cima abaixo da estrutura social, e propõe em seu lugar uma "visão cosmográfica da sociedade" (Mendras 1988, p. 59). Trata-se, portanto, de considerar esta como um céu no qual diferentes "constelações" se organizariam e que seria percorrido por linhas horizontais. Partindo da análise dos rendimentos e dos diplomas das diferentes categorias socioprofissionais, Mendras distingue três constelações principais.

A primeira, composta por empregados e operários, é qualificada como "constelação popular". Frequentemente criticado sobre esse ponto, ele não nega, portanto, a persistência de um grupo popular majoritário, que é estimado por ele em 50% da população e que preserva um modo de vida característico. A segunda constelação, definida de maneira um tanto imprecisa, é constituída pela "elite" (3% da população), que não pode mais ser qualificada como "dirigente". Utilizando a imagem do "controlador do céu", Mendras afirma que essa função estaria relacionada, sobretudo, ao controle do sistema social. Mas a constelação mais importante é, sem dúvida, a "constelação central": ainda que numericamente minoritária (cerca de um quarto da população ativa), é ela que carrega a transformação social.

Prosseguindo com a metáfora celeste, Mendras distingue em seu seio diversas "galáxias": os altos executivos, primeiro, mas também e sobretudo os "núcleos inovadores" constituídos por técnicos, empregados médios e empregados de escritório, cuja quantidade aumenta em ritmo acelerado. Dentre eles, os mais importantes são os profissionais da educação, da cultura e do setor médico-social, cuja proporção duplicou entre os anos 1960 e o fim dos anos 1980. Se seu papel é crucial, isso se deve ao fato de que compartilham de "forte identidade" e "atitudes comuns" e de que, consequentemente, são eles que conduzem à mudança social e insuflam as transformações da sociedade francesa.

Esses atores estarão, inclusive, na origem de uma forma avançada de transformação social, a alternância política, e de duas maneiras: individualmente, estando muito presentes nos escalões do Partido Socialista (PS) reconstruído em Épinay e o levando à vitória nas eleições municipais de 1977; numerosos prefeitos que conquistam as municipalidades pelo PS pertencem a essas categorias profissionais;[2] depois, coletivamente, sendo porta-vozes de uma nova corrente, o liberalismo cultural, definido como um conjunto de valores "principalmente centrados nas noções de liberdade e de desenvolvimento do indivíduo" (Grunberg e Schweisguth 1983), que são incorporados aos movimentos em prol do meio ambiente, do direito das mulheres, da tolerância em relação às minorias. Estudando os impulsos da "virada à esquerda" das camadas médias assalariadas no começo dos anos 1980, os cientistas políticos mostraram em que medida sua adesão ao liberalismo cultural tinha influenciado a votação massiva em favor do PS.

A diminuição da reprodução social

Se essas novas camadas médias assalariadas voltam-se então, maciçamente, em direção ao Partido Socialista, não é somente

---

2. Bidou (1984) mostra, por exemplo, como essas novas camadas médias investem nas localidades periurbanas e nelas conquistam rapidamente o poder municipal.

porque ele traz consigo valores do liberalismo cultural. Na verdade, o partido de Mitterrand soube, de modo hábil, realizar a síntese entre esses novos valores e os "valores tradicionais da esquerda" (defesa coletiva dos trabalhadores, direito à greve, direitos sindicais etc.). Ora, os membros das novas classes médias, por serem de origem popular, frequentemente advindos de famílias operárias, guardaram a marca de sua socialização política inicial e permaneceram sensíveis às temáticas tradicionais do movimento operário.

Tocamos aqui em um ponto crucial no que concerne à reprodução social: sendo jovens, porque ocupam profissões relativamente recentes, os membros dessas novas camadas médias têm origem nas classes populares e foram, portanto, recrutados por promoção social. É por isso que o argumento da elevação da mobilidade social é central nas análises que postulam o fim das classes sociais; e a diminuição da reprodução social é indissociável das teorias da medianização da sociedade francesa. Com efeito, se os indivíduos conseguem, em proporções significativas, atravessar uma parte do espaço social, é porque as fronteiras entre os grupos sociais estão, em certa medida, menos impermeáveis.

De fato, entre 1953 e 2003, a parcela dos indivíduos que se encontram na mesma categoria socioprofissional de seus pais cai consideravelmente. Entre os homens com idade de 35 a 59 anos, essa proporção passa de 51% em 1953 para 40% em 1970, 38% em 1977, 36,5% em 1985 e 35% em 1993. Entre as mulheres nessa mesma faixa etária, a evolução é ainda mais sensível: a proporção passa de 48% em 1953 para 23% em 1993 (ver Vallet 1999). No início dos anos 1990, cerca de dois a cada três homens e de oito a cada dez mulheres estavam, dessa forma, alocados em uma categoria socioprofissional diferente daquela de seus pais. Esse resultado destaca a amplitude dos avanços da mobilidade social ao longo das quatro décadas que se seguem ao término da Segunda Guerra Mundial.

A diminuição da reprodução social de que usufruem os primeiros nascidos do *baby-boom* deve-se a duas dinâmicas: os primórdios da massificação escolar e o forte crescimento do assalariado médio e superior, propiciado pela terceirização da economia. Nós voltaremos à questão da natureza e da intensidade dos avanços nas taxas de escolarização; por ora, basta-nos sublinhar que as gerações nascidas entre o fim dos anos 1930 e o fim dos anos 1940 beneficiam-se com uma primeira "explosão escolar" (Thélot e Vallet 2000). São elas que tiram proveito da aplicação da reforma Berthoin, a qual, em 1959, estica até os 16 anos a escolaridade obrigatória e abre as portas do primeiro ciclo do ensino secundário* às crianças das classes populares.

Além disso, a terceirização da economia que acompanha o período de forte crescimento traduz-se em um rearranjo da estrutura social. Se a parcela dos operários na população ativa aumenta até 1970, a parcela dos executivos superiores e médios cresce igualmente ao longo de todo o período. Esses empregos, principalmente aqueles que Mendras reúne sob a insígnia "núcleos inovadores", constituem-se vias de promoção social tanto aos filhos de operários quanto aos de agricultores.

O peso dessas transformações estruturais é tão importante que a maior parte dos trabalhos que buscam medir a evolução da mobilidade social a partir dos anos 1970 concluem que elas explicam por si só a essência do aumento dos fluxos dessa mobilidade. Dito de outra forma, se a imobilidade social diminui e se a parcela dos filhos

---

*   Esse nível de ensino, dividido em *colégio* e *liceu* no sistema francês, corresponde ao *segundo ciclo do ensino fundamental* e ao *ensino médio* no Brasil, pois abrange os últimos anos da formação obrigatória e os três anos da formação do ciclo que antecede o ensino superior. Mantivemos, nos casos em que a equivalência é controversa, a nomenclatura francesa, fazendo constar nesta e em outras notas suas equivalências. (N.T.)

das classes populares que ultrapassam o nível da condição de seus pais aumenta, isso não significa principalmente que a sociedade, em seu modo de funcionamento intrínseco, tenha se tornado mais justa ou meritocrática; isso significa que a estrutura social em seu todo foi puxada para o alto.[3]

Seja como for, a mobilidade social progride consideravelmente durante o período dos Gloriosos Trinta e o destino das crianças de classes populares clareia-se: a diminuição da reprodução social, signo de uma maior porosidade das categorias sociais, é um elemento essencial das teorias da medianização da sociedade francesa e, mais do que isso, das sociedades europeias.

O aumento do rebaixamento social

Inúmeros argumentos e indicadores mobilizados pelos teóricos da medianização podem ser contestados. Se os avanços da mobilidade social são inegáveis, duas nuances de proporção devem ser apontadas. Primeiro, a parcela essencial da diminuição da imobilidade social desenvolveu-se entre o início dos anos 1950 e o fim dos anos 1970. Os números citados anteriormente indicam que a proporção de indivíduos pertencentes à mesma categoria

---

3. Tradicionalmente, os sociólogos distinguem a mobilidade observada (o conjunto das trajetórias de mobilidade) da fluidez social (o que sobra da mobilidade social uma vez considerada a mobilidade estrutural). Os trabalhos internacionais que se dedicam a mensurar a evolução da fluidez social constatam, em sua maioria, a invariância temporal (ver Erikson e Goldthorpe 1992). Mais recentemente, pesquisas baseadas em modelos estatísticos mais avançados evidenciaram um aumento sutil, porém regular, da fluidez social. No caso francês, ver Vallet (1999), e, para elementos de comparação europeia, ver Breen (2004).

socioprofissional de seus genitores permanece relativamente estável desde a pesquisa de 1977, tendência confirmada pela última edição da pesquisa "Formação e qualificação profissional" do Insee (Dupays 2006).* Em seguida, a maioria dessas trajetórias de mobilidade é de fraca amplitude. Decorrem do fato de filhos de operários tornarem-se funcionários ou de filhos de pai com uma profissão intermediária acederem a um cargo executivo: entretanto, são raras as trajetórias que permitem atravessar uma parte significativa do espaço social.

Outro exemplo: as desigualdades de salários entre as diferentes categorias sociais. Em média, os executivos recebiam salários 3,8 vezes mais altos que os operários no início dos anos 1970. Vinte anos depois, a relação não passa de 1 para 3. A diminuição das desigualdades salariais parece bastante significativa, mas considerando que ela só se refere aos assalariados de jornada integral: se os considerássemos ao todo, em jornada integral e jornada parcial (situação que ninguém imagina ser sempre voluntária), a relação seria bem mais elevada. Da mesma forma, os decis de rendimentos nos quais se baseiam as publicações oficiais reagrupam em nível alto situações muito heterogêneas. Só uma segmentação mais apurada permite observar a explosão dos altos rendimentos desde o começo dos anos 2000, o que, de fato, escava consideravelmente as desigualdades econômicas (Landais 2007), mesmo sem mencionar a medida do patrimônio, que continua bastante imperfeita, malgrado os grandes esforços do Insee no curso dos últimos anos.

Para além da crítica de certos indicadores mobilizados por vezes precocemente, o questionamento das teorias da medianização

---

* Insee é a sigla de Institut National de la Statistique et des Études Économiques, órgão público francês criado em 1946 e atualmente sob direção dos Ministérios da Economia, da Indústria e do Emprego. (N.T.)

extrai seus argumentos, de modo mais profundo, da grande inversão que se opera a partir dos anos 1970. Ela foi vastamente descrita. Recuperando a expressão de Karl Polanyi, Robert Castel (2009, p. 15) evoca uma "grande transformação" que desarranja o velho capitalismo industrial e afeta "as maneiras de produzir, de trocar, e os modos de regulação que haviam sido impostos pelo capitalismo industrial". Estreitamente ligadas à mundialização das trocas comerciais, essas reviravoltas mergulham as sociedades ocidentais em uma crise duradoura. Inúmeros fenômenos percebidos hoje emergem desde o fim dos anos 1970: desemprego, precarização dos contratos de trabalho, dificuldades, até mesmo pobreza da juventude são agora dinâmicas estruturais cuja origem é antiga.

O forte crescimento causou efeitos importantes sobre a experiência e as expectativas dos indivíduos e dos grupos. Se as desigualdades continuavam fortes, o compromisso social do capitalismo industrial permitia a cada um, independentemente de sua situação presente, aguardar uma melhora considerável de suas condições de vida em curto prazo e com ritmo constante (em 1968, o salário-mínimo, por ocasião dos acordos de Grenelle,* aumenta 35%!). Hoje, a dinâmica inverteu-se em toda a Europa. Entrevistados nas pesquisas *Eurobaromètre,* os europeus estão majoritariamente convencidos de que seus filhos não poderão viver tão bem quanto eles.[4]

---

*   Os acordos de Grenelle constituíram-se, notadamente, por negociações salariais e sindicais realizadas em plena crise de maio de 1968 em Paris, pela mediação de representantes do governo de Georges Pompidou, e receberam esse nome por terem ocorrido no Ministério do Trabalho, situado na rua de Grenelle. (N.T.)

4.   A esse respeito, tende-se frequentemente a exagerar sobre o pessimismo dos franceses em comparação aos seus vizinhos. É certo que, com uma proporção em 2006 de 76% de franceses indicando que seus filhos viveriam pior do que eles próprios, essa sociedade se mostra a mais pessimista, mas

Essa angústia é somente um elemento de uma dinâmica mais geral: o pavor do rebaixamento social e, a bem da verdade, do rebaixamento em si. Surgido no debate público na segunda metade dos anos 2000, o conceito de rebaixamento social é propício à polêmica, já que se mostra polissêmico. Rebaixamento entre as gerações (quando os filhos conhecem uma situação menos favorável que a dos pais), rebaixamento dos diplomados (quando os empregos ocupados não estão à altura das qualificações), rebaixamento durante o ciclo de vida (quando um acontecimento abrupto provoca uma degradação das condições de vida): essas três definições do fenômeno podem ser, cada qual, apreendidas por diferentes indicadores.[5]

Independentemente dessas discussões semânticas, o argumento da alta do rebaixamento social desde o fim dos anos 1970 conduz à precarização crescente das condições de vida de diversas parcelas da população. Para esquematizar, a partir do final dos anos 1970, o rebaixamento corrói lentamente, pela base, a estrutura social. Daniel Cohen, ao decompor o preço de venda de um par de calçados de esporte vendido nos Estados Unidos, e ao destacar a ínfima parte desse valor que retorna aos trabalhadores responsáveis pela fabricação do objeto, evidencia a maneira com que, em uma economia globalizada, "a etapa do meio, aquela da fabricação, torna-se pouco importante e passível de terceirização" (Cohen 2006). Esse exemplo permite ilustrar o que as novas regras do jogo fazem com os trabalhadores. Assim, os primeiros rebaixados foram os primeiros "desempregados em massa" que apareciam desde o fim dos anos 1970, assim que a taxa de desemprego tinha

---

dentro do panorama de uma Europa também majoritariamente pessimista (a média é de 65%).

5. Sobre esse aspecto, ver o dossiê "La montée du déclassement", *Problèmes politiques et sociaux*, n. 976, La documentation française, setembro 2010.

ultrapassado a barreira dos 5%. Além dos indivíduos destituídos de emprego, a precarização crescente do contrato de trabalho (com a introdução dos *CDD** ao final dessa década, o aumento do contrato temporário, os empregos emergenciais, a jornada parcial imposta) acabou por fazer com que "trabalhadores pobres" aparecessem, cuja quantidade varia, desde então, entre 1 e 2 milhões, de acordo com o limite de pobreza considerada (Clerc 2008).

Hoje, os debates sobre o rebaixamento surgem para questionar a posição das classes médias no espaço social, as quais, por sua vez, estariam desestabilizadas. Se os debates são por um lado, às vezes, excessivos, em razão de a expressão "classes médias" ser, na realidade, dificilmente definível, diversos trabalhos, por outro, permitem entrever dificuldades crescentes para os indivíduos e os grupos posicionados no interstício entre o nível alto das classes populares e o nível baixo das classes médias. Tais dificuldades são observadas de um ponto de vista objetivo, quando se considera, por exemplo, a estrutura do orçamento dos indivíduos que têm rendimentos provenientes do salário médio (ver Bigot 2009),[6] ou de um ponto de vista subjetivo, quando grupos sociais sentem-se rebaixados (Cartier *et al.* 2008).

Se não é incoerente, do ponto de vista da psicologia social, que o medo do rebaixamento exceda a frequência real do fenômeno, o aumento desta é incontestável (Maurin 2009). Ora, que seja angústia ou realidade, o rebaixamento causa grandes efeitos sobre a estrutura

---

* CDD é a abreviação para *contrat à durée déterminée,* ou seja, contrato por prazo determinado, que não estabelece vínculos estáveis e seguros entre o empregado e a empresa para qual presta serviço, sendo firmado apenas através de simples objeto escrito em que constam as datas de início e fim do acordo. (N.T.)

6. O autor estima em menos de 300 euros mensais a quantia restante a um indivíduo que recebe 1.500 euros por mês, depois de efetuadas as despesas indispensáveis. Ver igualmente, a respeito da moradia, Accardo e Bugeja (2009).

social. Como se fosse um veneno, vai progressivamente corroendo a coesão social, instaurando tensões, por vezes, muito fortes entre indivíduos ou grupos antes objetivamente próximos no espaço social. Por exemplo, a crítica recorrente dos "assistidos", dirigida contra os beneficiários do amparo social, é, em grande parte, nutrida pela "consciência social triangular" que prospera no seio dessas categorias "pequenas-médias", que possuem o sentimento de estarem espremidas entre aqueles "do alto", os "grandões", e aqueles "de baixo", os "assistidos".[7]

Mobilidade de uns, imobilidade de outros

O que acontece nos anos 1970 é, pois, bem mais do que fim dos Gloriosos Trinta. As profundas transformações do capitalismo e a mundialização das trocas comerciais explodem o compromisso salarial do capitalismo industrial e fragilizam uma franja crescente da população. Tais mutações igualmente acabam por quebrar a esperança de ver nascer uma sociedade do conhecimento ou da informação, tantas vezes anunciada nos anos 1960 e 1970. A bem da verdade, longe de desaparecerem, os empregos rotineiros ou de execução aumentaram ao longo dos últimos anos.

Se a participação da indústria diminuiu sensivelmente entre os indivíduos ativos empregados, e se os cargos executivos e as profissões intelectuais superiores representam, atualmente, 16% da população ativa, ainda existem mais de 5,6 milhões de operários em 2009, representando 22% dessa população. Somados aos 7,4 milhões de funcionários, eles formam uma parcela de quase 13 milhões de

---

7. Essa consciência social triangular é teorizada por Olivier Schwartz (2009).

assalariados que ocupam empregos de execução. Longe de terem desaparecido, os trabalhadores "rotineiros" representam cerca de 51% dos indivíduos ativos empregados. Ainda que essa proporção tenha diminuído durante os últimos 20 anos (era de 55% em 1989), o número absoluto de operários e funcionários, por sua vez, cresceu em 1,1 milhão, em razão do aumento da população ativa.

Tabela 1: Evolução por parte dos funcionários
e dos operários em exercício (1989-2009)

	Operários		Funcionários		Operários + funcionários	
	Em milhares	Em %	Em milhares	Em %	Em milhares	Em %
1989	6.030	28	5.830	27	11.860	55
1994	5.680	26	6.060	28	11.740	54
1999	5.940	26	6.490	29	12.430	55
2004	5.830	24	7.020	29	12.850	53
2009	5.540	22	7.410	29	12.950	51

Fonte: pesquisas Emprego, Insee.
Corpus: população ativa em exercício.

A sociedade "média" depara aqui com seus limites: mais de um a cada dois empregos são vagas de operário ou de funcionário. As considerações quantitativas não devem, entretanto, ocultar as transformações em curso na base da estrutura social. Além da terceirização dos empregos, é preciso considerar a crescente pertinência da distinção entre não qualificados e qualificados, que progressivamente suplanta a distinção entre funcionários e operários. Trabalhos recentes mostraram que os não qualificados, operários ou funcionários, formavam um segmento cada vez mais à parte da mão de obra, quase representando uma "nova classe social" (Amossé e Chardon 2006). Esses 5,5 milhões de não qualificados diferem objetivamente dos outros operários e funcionários, primeiramente do ponto de vista do salário e do nível de vida, sensivelmente inferiores ao restante dos assalariados (Jauneau 2009). Essas ocupações, nas quais as mulheres, os jovens, os menos titulados e os imigrantes têm grande representação, são também aquelas que impõem condições de trabalho mais terríveis do que os demais empregos de execução.

Para os indivíduos ativos que os ocupam, esses empregos não qualificados representam um risco de confinamento ou de obrigação, pois "a esfera dos trabalhos não qualificados oferece pouca conexão com a esfera dos empregos qualificados" (Alonzo e Chardon 2006).[8] Essa descontinuidade crescente entre empregos qualificados e não qualificados pertence a um movimento de polarização da estrutura social bem mais vasto e diretamente ligado às marcas da mundialização do comércio. Na esteira do trabalho já clássico de Robert Reich (1994), inúmeros estudos evidenciam uma crescente polarização no mercado de trabalho e, consequentemente, em meio aos assalariados.

No mercado de trabalho, a distância entre as profissões altamente qualificadas e os empregos "pouco qualificados" aprofunda-se. No grupo dos assalariados, as trajetórias divergem consideravelmente entre os executivos preparados para a mundialização da economia, dotados de competências que lhes permitem se tornar "empreendedores de sua própria carreira" (retomando a expressão de Robert Castel), e os operários ou funcionários pouco titulados, advindos de setores prejudicados pela abertura das trocas comerciais e cujos recursos os deixam quase incapazes de enfrentar a atual exigência sacrossanta de "mobilidade". Anne-Catherine Wagner descreveu a maneira com que

---

8. Sobre essa questão dos não qualificados, ver Rose (2012).

a mundialização construiu, assim, novas polarizações sociais: de um lado, "os manipuladores de símbolos, esses profissionais altamente qualificados" que trabalham no setor jurídico ou financeiro, "sempre prontos a mudar suas casas, seus laboratórios e seus escritórios"; de outro, "os não qualificados, os trabalhadores rotineiros cada vez mais ameaçados pelos trabalhadores dos países pobres" (Wagner 2007, p. 25). Se o cosmopolitismo das classes mais favorecidas as incita a tirar proveito da mundialização (Pinçon e Pinçon-Charlot 1998), esta condena os mais frágeis à fraqueza de seus recursos e precariza a existência de uma quantidade crescente de indivíduos, à medida que o rebaixamento corrói pela base a estrutura social.

Essa polarização da estrutura social é tão espetacular que ela se instala em uma proximidade espacial que a torna particularmente concreta, em certos bairros das "cidades globais" (Sassen 2001): neles ficam lado a lado os executivos muito qualificados, que vendem caro suas competências no mercado de trabalho, e os funcionários de serviços, frequentemente precários e sub-remunerados. Tal coexistência entre ganhadores e perdedores da mundialização é igualmente presente nas teorias do *care:* os "provedores de cuidados" são as babás, as faxineiras, as ajudantes domésticas, que são contratadas diretamente por particulares e que acabam por compor "um exército à sombra, relegado aos bastidores de um mundo do desempenho" em que triunfam justamente aqueles que compram seu tempo de trabalho.[9] A parcela dessas funções não qualificadas de serviços aumentou consideravelmente nos últimos anos, ultrapassando a margem dos quatro milhões de pessoas.

As análises que distinguem "ganhadores" e "perdedores" da mundialização não são suficientes para exaurir a complexidade das

---

9. Entrevista com Pascale Molinier e Sandra Laugier, *Libération*, 14 de maio de 2010.

dinâmicas em curso na evolução da estrutura social. Elas fornecem, no entanto, uma outra lente de leitura do aumento do rebaixamento: os indivíduos e os grupos fracamente munidos de recursos que permitam encarar a competição mundial são confrontados por uma precarização crescente e perspectivas de mobilidade bem limitadas.

Uma "medianização" subjetiva?

Os sociólogos, às vezes, estão atrasados em relação à realidade social. É a impressão que podemos ter diante das teorias da medianização. Na verdade, quando Mendras descreveu sua sociedade "média" na metade dos anos 1980, os fenômenos acima evocados já estavam em curso. As transformações do capitalismo e as novas formas de polarização social já modelavam a estrutura social. Vinte e cinco anos depois, as consequências dessas mutações são bem mais visíveis, tendo em vista a extensão das zonas de precariedade.

Se a medianização conserva uma realidade tangível, ela o faz no nível da identificação subjetiva: desde o início dos anos 1960, enquetes e sondagens mostram que a parcela dos franceses que se identificam com as classes médias não para de aumentar, até atingir mais de 60% no início dos anos 2000. Porém, se os mais afortunados formam um grupo que corresponde à definição marxista de classe social (uma classe *em si*, que partilha riquezas econômicas, sociais e culturais, mas igualmente uma classe *para si*, que tem interesses comuns e sabe se organizar para defendê-los), a questão é bem mais problemática para os meios populares.[10] Apesar disso, depois de

---

10. Numerosos trabalhos explicam as razões da desestruturação e da desorganização das classes populares. Dentre eles, Beaud e Pialoux (2009).

um período de redução das desigualdades e de desanuviamento do horizonte das classes populares, a dinâmica inverteu-se: a sociedade média é apenas uma miragem.

A polarização crescente da estrutura social coloca uma dificuldade teórica aos avanços da "fluidez social". Se certas origens, certos meios profissionais ou certos universos de vida divergem novamente, em quais condições a mobilidade intergeracional entre os grupos sociais pode se manter em um nível elevado? As teorias da medianização não se assentam unicamente sobre a evolução de indicadores econômicos ou sociais objetivos. O argumento central é justamente aquele de uma atração e de uma transformação social conduzidas pelas novas camadas médias, principalmente do ponto de vista da mobilidade social. O aparecimento e, em seguida, o crescimento de uma vasta constelação central ofereceriam muitas saídas às crianças das classes populares.

Diversos trabalhos recentes mostraram que os grupos usualmente unidos pela expressão "classes médias" continuavam a crescer em números.[11] Trata-se menos, então, de defender a ideia de uma rarefação das vias potenciais de mobilidade social do que de completar a paisagem: a dinâmica de expansão das categorias médias é concomitante a um outro movimento, o de uma força centrífuga que aprofunda o fosso entre (ao menos) uma fração dos grupos sociais mais favorecidos e (ao menos) uma fração das classes populares. Ora, esse movimento destina ainda muito mais as crianças de certas categorias populares à sua origem social; ele torna potencialmente mais difíceis e mais custosas as trajetórias de promoção social. Em poucas palavras, ele coloca a questão da intensidade da reprodução social.

---

11. Por exemplo, entre 1989 e 2009, a parcela das profissões intermediárias na população ativa em exercício aumentou em 4 pontos para atingir 24%.

2
VINTE E CINCO ANOS DE REPRODUÇÃO SOCIAL

Em 2010, um relatório publicado pela Organização Internacional do Trabalho alertou sobre as consequências dramáticas do surgimento, em nível mundial, de uma "geração sacrificada". Dois anos após a explosão da crise financeira, 81 milhões de jovens no mundo entre 15 e 24 anos estão atualmente desempregados (quase um em cada sete). Já os que trabalham aglomeram-se entre os trabalhadores pobres. No fim das contas, os jovens pagam à crise uma tributação particularmente pesada: enquanto a taxa de desemprego avançou em 1,5 ponto no total da população durante o ano 2008, entre os jovens de 15 a 24 anos ela subiu para quase 4 pontos.

Hoje, quatro anos depois da tormenta do outono de 2008, as proporções continuam idênticas. Mais de 16% dos jovens ativos não possuem emprego nos países da OCDE* e, no total, cerca de 5,5

---

* A sigla significa Organisation de Coopération et de Développement Economiques, ou Organização de Cooperação e de Desenvolvimento Econômicos, criada em 1960 pela união de 18 países europeus mais Canadá e Estados Unidos, com o intuito de analisar e planejar o desenvolvimento mundial. Hoje conta com 34 nações participantes, algumas de outros continentes. (N.T.)

milhões de jovens com menos de 25 anos enfrentam o desemprego na União Europeia. Apenas na zona do euro, o número de jovens desempregados aumentou em mais de 200 mil entre 2011 e 2012. A França figura entre os maus alunos, já que 22% de seus jovens ativos estão à procura de emprego (a situação é, no entanto, menos grave que na Espanha, onde a metade dos jovens está desempregada).

Essas estatísticas entrecruzam-se de modo singular com o destino das gerações precedentes. Nascidas nos anos 1940, as primeiras coortes do *baby-boom* foram beneficiadas pela abertura escolar, tendo acesso, pela primeira vez, ao ensino secundário. Associado à ambição de ascensão na estrutura empregatícia, esse aumento das taxas de escolarização permitiu às gerações do imediato pós-guerra, geralmente nascidas de pais operários ou camponeses, elevarem-se quantitativamente em relação a seu meio de origem. Assim que finda o período de forte crescimento, nos anos 1970, as condições da inserção no mercado de trabalho deterioram-se sensivelmente para os grupos nascidos na virada dos anos 1960. Inúmeras pesquisas empíricas permitem medir essas desigualdades entre gerações.

O fim do "progresso geracional"?

O trabalho de Louis Chauvel (1998) sustenta uma tese no sentido forte do termo: se as desigualdades entre os grupos sociais permanecem centrais, a consideração das desigualdades entre gerações é essencial para a compreensão do processo de estratificação social. Com origem ou posição sociais equivalentes, as "chances de vida" das sucessivas gerações podem diferir sensivelmente, de acordo com os acontecimentos e o contexto econômico.

Nos anos 1990, a intensidade das desigualdades entre as gerações aparecia com força em inúmeras pesquisas. Em termos de salário, constatamos o aumento da distância entre faixas etárias, em detrimento dos mais jovens. O fenômeno deve-se a um efeito geracional: se, durante os Gloriosos Trinta, o salário dos iniciantes no mercado de trabalho aumentava na sucessão das coortes, esse movimento se interrompe e, em seguida, inverte-se a partir da metade dos anos 1970 (Baudelot e Gollac 1997). A leitura por coorte permite mensurar uma alta na média salarial entre as gerações nascidas em 1916 e as nascidas na metade dos anos 1940, depois uma diminuição para aquelas nascidas na década de 1950 e no início da década de 1960. Além disso, entre a coorte nascida em 1956 e a nascida em 1976, o salário anual das mulheres diminuiu 7%, e o dos homens, 4% (Koubi 2003a).

Além da dimensão salarial, também o desenvolvimento da carreira se transforma. Se o prolongamento da transição entre o fim dos estudos e o acesso a um emprego estável precariza o início de carreira das gerações jovens, o ritmo da mobilidade profissional é modificado ainda mais amplamente. Ao passo que as primeiras coortes do *baby-boom* podiam alcançar um emprego de chefia em sua carreira tardiamente, na velhice, o destino perfaz-se bem mais cedo para as gerações seguintes: em razão do peso crescente do diploma, as posições estão relativamente fixadas desde os 35 anos (Koubi 2003b).

Outro elemento: se as perspectivas de mobilidade social claramente melhoraram para as gerações nascidas nos anos 1940, elas se degradaram significativamente para as nascidas no início dos anos 1960; as trajetórias ascendentes dos filhos das classes populares tornam-se mais difíceis e raras, ao passo que as trajetórias descendentes são mais numerosas para os filhos de executivos (Peugny 2008). Fora dessa situação no mercado de trabalho, outras desigualdades se fazem presentes, pesando sobre as condições de vida das gerações. É o caso da moradia: ao passo que as coortes nascidas nos anos 1940 tornam-se massivamente proprietárias no início dos anos 1980, a situação piora fortemente para aquelas nascidas 20 anos depois, e o peso das despesas com moradia no orçamento doméstico aumenta de maneira considerável (Fauvet 2009).

No fim das contas, a estrutura geracional da sociedade francesa se assemelharia a uma "gerontoclassia", na qual os estatutos, o poder e a riqueza seriam confiscados pelas gerações mais velhas, em detrimento das mais jovens (Baudelot e Establet 2000, p. 61). A "lei do progresso geracional" seria, então, colocada em xeque e, pela primeira vez em tempos de paz, uma geração seria confrontada por condições de existência menos favoráveis que a precedente. Vale notar que tal demonstração não é exclusivamente francesa. Desde o início dos anos 1990, pesquisas descrevem tendências análogas no seio da sociedade americana: confrontadas pelas mesmas dinâmicas econômicas, as coortes nascidas nos anos 1960 enfrentariam o fim do "sonho americano" e empreenderiam caminhos muito diferentes daqueles abertos a seus pais (ver Newman 1993 e Bernhardt *et al.* 2001).

Francesas ou estrangeiras, essas pesquisas questionam diferentes aspectos do processo de estratificação, mas todas concluem que há desigualdades significativas entre as gerações, que desfavorecem as coortes nascidas nos anos 1960 (comparadas com as nascidas nos anos 1940). Com efeito, as gerações nascidas na virada da década de 1960 são as primeiras a enfrentar a "grande reviravolta" da conjuntura e a tentar se inserir em um mercado de trabalho bem degradado. No início dos anos 1980, a taxa de desemprego dos jovens ativos estava, assim, em um nível verdadeiramente comparável ao observado no início dos anos 2010 (por volta de 20% entre os jovens com formação inicial há menos de 4 anos). Se essa taxa de desemprego flutua em função da conjuntura econômica, descendo a 15% nos breves períodos de recuperação no fim dos anos 1980 ou 1990, ela se mantém em um nível elevado durante o período todo. Consequentemente, a situação dos *baby-boomers* emerge em toda sua singularidade: primeira geração, depois de muito tempo, a não sofrer os sobressaltos da história, beneficiada, de um ponto de vista econômico, por um período bem longo de prosperidade e de transformações estruturais que lhe permitem ultrapassar verticalmente as gerações precedentes, mas também o percurso de seu ciclo de vida. Em contrapartida, para as gerações seguintes as condições se obscurecem rapidamente, e de modo duradouro. Desde então, se desconsideramos o destino aberrante – em sentido estatístico – das coortes do pós-guerra, qual significado atribuir ao conceito de desigualdades entre gerações? Nós não estaríamos assistindo, antes de tudo, a uma sucessão de coortes confrontadas por uma situação estruturalmente degradada? Dito de outra forma, o aumento das desigualdades entre as gerações, demonstrado empiricamente, a partir da década de 1990, pela referência a uma geração bem particular, não se constitui como um efeito de ótica, uma vez que a verdadeira "estagnação geracional" apareceria com muito mais evidência hoje?

As desigualdades internas das gerações

A consideração das desigualdades entre as gerações não deve ocultar as desigualdades internas das gerações ou, em outras palavras, as desigualdades intrageracionais. Muito frequentemente, ao longo dos últimos anos, com o intuito de denunciar o comportamento egoísta dos *baby-boomers,* o debate público forjou a existência de duas gerações artificialmente homogêneas: jovens pobres vítimas de sexagenários ricos sustentados por suas aquisições. Essa caricatura não esgota a complexidade da realidade social. Primeiramente, designar gerações "culpadas" e gerações "vitimadas" desresponsabiliza um pouco rapidamente certas políticas públicas. Por exemplo, se algumas contas ou alguns programas estão em *deficit,* isso não significa apenas que uma geração teria vivido acima de seus meios, sem dar a mínima às posteriores; significa também que certo número de decisões políticas traduziu-se em perdas consideráveis de receita.

Porém, o principal argumento está por vir: as desigualdades sociais internas a uma mesma geração continuam escancaradas. Considerando os idosos, se o nível de vida médio dos aposentados elevou-se sensivelmente com a requisição de aposentadoria dos primeiros assalariados advindos do *baby-boom,* é preciso lembrar que sua maioria desenhava funções de operário ou empregado, beneficiando-se, portanto, de pensões modestas. Entre os indivíduos ativos com idade entre 55 e 59 anos em 2009 (recém-aposentados nessa data), encontramos menos de 20% de executivos e 50% de empregados e operários.

Tal heterogeneidade das gerações é igualmente visível entre os jovens, frequentemente descritos como um grupo homogêneo e coeso, sendo que, mais do que nunca, "a juventude é só uma palavra". É certo que os estudantes não são mais necessariamente os "herdeiros" mencionados por Bourdieu e Passeron há quase 50 anos, mas a juventude estudante constitui apenas uma fração de indivíduos em meio a outras "juventudes". Em 2009, 41% dos jovens entre 18 e 25 anos eram ativos empregados, 40% eram estudantes, 12% eram desempregados, ao passo que 7% estavam inativos. Linhas de fratura importantes atravessam essas diferentes categorias de jovens: os estudantes das universidades renomadas, em sua maioria de origem privilegiada, compartilham a qualidade de "estudante" com seus pares que estão nos primeiros ciclos universitários e que, ainda hoje, podem ser os primeiros de sua linhagem a continuar os estudos no nível superior. Ora, uns e outros não possuem as mesmas chances sociais.

Essa visão homogênea da juventude também não resiste mais à análise das atitudes e dos valores políticos. A imagem geralmente veiculada de uma juventude aberta, tolerante e propensa ao liberalismo cultural talvez corresponda aos sentimentos da maioria, mas esses valores não são referência para todos os "jovens". Em 2010, 23% daqueles entre 18 e 30 anos pensavam que "a mulher foi feita para ter filhos e criá-los"; 22% queriam restabelecer a pena de morte; 33% pensavam que há "muitos imigrantes na França"; e 29% julgavam que se "fala muito do extermínio dos judeus na França durante a Segunda Guerra Mundial".[1]

Certas pesquisas tendem, sobretudo, a evidenciar uma intensificação das desigualdades sociais internas das gerações recentes. A inserção relativamente satisfatória, no médio prazo, dos vencedores da competição escolar opõe-se à exclusão profissional programada dos não diplomados, condenados a oscilar entre empregos precários e períodos de desemprego provocados por sobressaltos conjunturais.

Além disso, o peso da origem social é reforçado, principalmente em termos de acesso à propriedade. Se a redução de juros compensou parcialmente o aumento dos valores imobiliários até possibilitar que os jovens adquirissem uma propriedade em uma proporção novamente crescente, desde o início dos anos 2000, essa tendência geral dissimula as desigualdades também crescentes graças à renda

---

1. Pesquisa Ipsos realizada pelo Laboratório das Ideias do Partido Socialista (Laboratoire des Idées du Parti Socialiste) no outono de 2010, com uma amostragem de 900 jovens entre 18 e 30 anos.

e à categoria social. A partir dos primeiros anos da década de 1990, a distância entre os executivos e os profissionais intermediários, de um lado, e os empregados e operários, de outro, aumentou em 7 pontos entre os jovens entre 25 e 34 anos, e em 10 pontos entre aqueles de 35 a 44 anos (Clerc, Monso e Pouliquen 2001). A origem social explica boa parte do aprofundamento das desigualdades de acesso à propriedade, em razão da transmissão do patrimônio das famílias mais afortunadas. Essa tendência à "repatrimonialização" da sociedade francesa (Chauvel 2012) demonstra que a fratura entre "ganhadores" e "perdedores" da mundialização passa por dentro das próprias gerações, e que, mais ainda, ela é transmitida entre gerações.

A precarização dos jovens

Até agora, poucos elementos foram inseridos no debate acerca das perspectivas de mobilidade social das gerações nascidas a partir dos anos 1960. Como a mobilidade social não pode ser calculada com um mínimo de rigor antes de certa idade,[2] é preciso esperar que as coortes envelheçam o suficiente para validar seus percursos nas pesquisas estatísticas. Todavia, o acompanhamento das coortes sucessivas, de cinco a oito anos depois do fim dos estudos iniciais, fornece algumas percepções interessantes.

Logo de início, observa-se que a natureza do contrato de trabalho continua a piorar, e a porcentagem dos empregos precários

---

2. É o argumento da "contramobilidade" ou da necessária consideração da mobilidade no curso da carreira: medir a mobilidade social de indivíduos muito jovens não possibilitaria reconhecer os efeitos de trajetórias de mobilidade futura.

(*CDD*, interinos ou contratos de parceria)* aumenta entre os indivíduos egressos da educação inicial depois de cinco a oito anos, atingindo 16% no final dos anos 2000, para homens e mulheres. Trata-se de uma multiplicação por dois em 25 anos, para eles, e de um aumento de cinco pontos, para elas.[3]

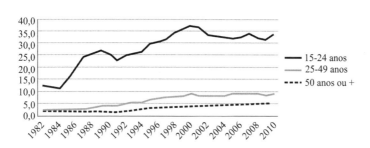

Figura 1: Proporção de empregos precários conforme a idade

— 15-24 anos
— 25-49 anos
--- 50 anos ou +

Fonte: pesquisas Emprego, Insee, 1983-2010.
Nota: A pesquisa Emprego é realizada de modo contínuo desde 2003, ocasionando uma ruptura de série. Essa observação é válida para o conjunto das figuras a serem apresentadas.

A degradação do contrato de trabalho para as jovens gerações aparece de maneira ainda mais significativa quando se examina a

---

* A primeira sigla, já explicada em nota anterior, refere-se a contratos por prazo determinado; o segundo tipo mencionado refere-se ao contrato temporário de trabalho, firmado quando há necessidade provisória de substituição de pessoal em uma empresa ou demandas adicionais de serviços; e os contratos de parceria seriam aqueles em que o empregador recebe uma ajuda financeira para custear parcialmente os gastos com os serviços prestados. (N.T.)

3. Em 2010, entre os indivíduos egressos da educação inicial depois de 5 a 8 anos, 66% possuem um *CDI (contrat à durée indéterminée* – contrato por prazo indeterminado), 16%, um emprego precário, 12% estão desempregados e cerca de 5% são autônomos.

proporção da faixa etária de 15 a 24 anos empregada por contratos de prazo determinado ou temporários, multiplicada por 2,6 nos últimos 25 anos. Ao passo que os mais velhos ficam relativamente protegidos dessa forma de precariedade, que afeta um em cada dez indivíduos ativos, no caso dos jovens entre 15 e 24 anos empregados essa interferência sobe para um terço. Em 1983, 78% dessa população tinha contratos por prazo indeterminado; em 2010, esse contingente não chega a 49%.

Sendo assim, do ponto de vista da natureza do contrato de trabalho, a situação das gerações nascidas depois dos anos 1960 (que atingem a idade de 20 anos a partir do fim dos anos 1980) deteriora-se continuamente. Em contrapartida, do ponto de vista da categoria socioprofissional do emprego ocupado, observa-se um aumento do acesso ao assalariado executivo. Na verdade, em 2009, 16% dos indivíduos egressos da educação inicial depois de 5 a 8 anos exercem um emprego de executivo ou uma profissão intelectual superior (CPIS),* contra 8% em 1983. Essa evolução é idêntica à observada no seio do conjunto de ativos empregados, entre os quais a proporção dos CPIS passa de 8% a 16% entre 1983 e 2009. Os jovens ativos não estão, portanto, sub-representados nos empregos superiores de chefia. Por outro lado, eles estão super-representados nos empregos de execução: em 2009, 56% dos jovens ativos exerciam cargos de funcionário ou operário, contra uma proporção de 51% no total dos ativos empregados.

---

* No *site* do próprio Insee, cujas pesquisas são discutidas com muita atenção por Peugny, principalmente neste capítulo, é possível encontrar a descrição exata dessa categoria de profissões intelectuais superiores: nela estão inseridos os professores, cientistas e pesquisadores com formação aprofundada e especializada, profissionais ligados às artes e às mídias, altos executivos do setor administrativo e comercial de empresas e engenheiros, dentre outros. (N.T.)

Aumento do acesso ao assalariado executivo (para uns) a custo de uma precarização do contrato de trabalho (para outros): assim parece se desenhar o rumo do destino das coortes mais recentes.[4] Esse panorama, bem geral, dissimula grandes disparidades causadas pela origem social. Uma vez que esta seja levada em conta, é um outro resultado que aparece com força: ao longo dos 25 anos, a intensidade da reprodução social diminuiu muito pouco.

O peso persistente da reprodução social

Uma primeira maneira muito básica de medir a reprodução social é estimar a porcentagem de indivíduos pertencentes à mesma categoria socioprofissional (CSP) de seus pais.

Em 1983, 36% dos indivíduos pertenciam à mesma categoria socioprofissional de seus pais. Mais de 25 anos depois, o índice ainda é de 34%. Em 1983, assim como em 2009, ela atinge perto dos 27% para as jovens; e diminui em, mais ou menos, 2 pontos para os jovens, atingindo 42% em 2009. Observa-se, então, uma considerável estabilidade da reprodução social ao longo das últimas décadas. Com efeito, essa redução de 2 pontos é explicada pela única diminuição dos números relativos aos filhos de agricultores que se tornam também agricultores: eles representavam 3% da amostra em 1983 e menos que 1% em 2009.

---

4. Vale ressaltar uma nuance: os indivíduos egressos da educação inicial depois de 5 a 8 anos em 2009 tiveram tempo de adentrar o mercado de trabalho antes da explosão da crise financeira do outono de 2008. As coortes que terminaram seus estudos a partir de 2008 correm o risco de arcar com um contexto de inserção claramente degradado.

Figura 2: Parcela de indivíduos
pertencentes à mesma CSP de seus pais

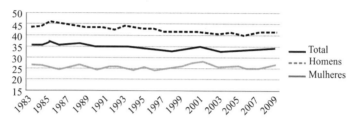

Fonte: pesquisas Emprego, Insee, 1983-2010.
Corpus: homens e mulheres egressos da educação inicial depois de 5 a 8 anos.

Tal resultado pode ser lido e interpretado de duas maneiras. Alguns considerarão que, depois de mais de 25 anos, a sociedade francesa é capaz de redistribuir as posições entre as gerações até que dois terços dos indivíduos evoluam para uma categoria socioprofissional diferente da de seus pais. Outros preferirão destacar que a intensidade da reprodução, apreendida por esse primeiro indicador, foi mantida durante todo o período: a ligação entre a origem social e a posição ocupada na fase adulta não foi desfeita.

A segunda leitura assume ainda muitos outros significados pelo fato de o indicador ser um tanto imperfeito. Primeiro, ele pode induzir a pensar que a reprodução social seria menos forte para as mulheres do que para os homens. Isso seria um equívoco: se elas parecem reproduzir com menos frequência a posição paternal, é porque, antes de mais nada, a base da estrutura social está constituída de modo sexista. As mulheres ocupam massivamente o posto de funcionárias e os homens, de operários, o que leva a subestimar a reprodução social das filhas de operários.

Além disso, esse indicador não deve fazer concluir que dois terços dos indivíduos seriam levados a mudar radicalmente de grupo social. Ao contrário, o que predomina são trajetórias de fraca amplitude, e raros são os indivíduos que cruzam o espaço social. Dos filhos de assalariados, 13% vivenciavam em 1983 uma trajetória social de amplitude[5] (15% dos homens e 11% das mulheres). A proporção certamente aumentou, mas ainda permanece em um nível modesto, em torno de 18% (20% para homens e 16% para mulheres).

A reprodução "pela base"

O destino dos filhos das classes populares clarificou-se ao longo das três últimas décadas? No início dos anos 1980, 49% dos filhos de operários egressos da educação inicial depois de cinco a oito anos exerciam função de operário, contra 40%, mais ou menos, no início dos anos 2010. Essa redução, da ordem dos 18%, deveu-se à diminuição geral da porcentagem de operários em meio à população ativa. Superior a 30% no início dos anos 1980, fixou-se em 22% em 2009 – uma diminuição da ordem dos 30%. Comparativamente, a parcela de filhos de operários que reproduziam a posição de seus pais diminuiu menos que a proporção de operários no total da população ativa.

Mas, sobretudo, as recomposições que se operam na base da estrutura social incitam a aproximar dos operários uma parte crescente de funcionários. Como já destacamos no capítulo anterior,

---

5. Trata-se de filhos de altos executivos que se tornam funcionários ou operários, filhos de pai que exerce uma profissão intermediária que se tornam operários, filhos de funcionários que se tornam altos executivos ou filhos de operários que exercem uma profissão intermediária ou acedem a um emprego superior.

a clivagem entre qualificados e não qualificados tende a suplantar a clivagem entre operários e funcionários. Dito de outra forma, um certo número de funcionários, pouco ou nada qualificados, não conhece uma experiência social muito diferente da dos operários. Classificados como "funcionários" na nomenclatura das categorias socioprofissionais do Insee, as operadoras de caixa, entretanto, não se distinguem das operárias, nem pelas condições de trabalho, nem pelas perspectivas de carreira, nem pelos rendimentos, nem pelo prestígio social.

Além disso, a polarização dos empregos tende a contrapor empregos de formação, de um lado (cargos de direção e profissões intelectuais superiores, profissões intermediárias), e empregos de execução, de outro (funcionários e operários). É evidente que inúmeros trabalhos mostraram que, atrás dos títulos das profissões, um certo número de altos funcionários não comandava, assim como alguns que não tinham o título comandavam realmente. De qualquer forma, o fato é que, do ponto de vista da evolução das condições de trabalho, e a despeito do debate sobre "o mal-estar dos cargos", a satisfação no trabalho revela-se socialmente marcada.

Se um em cada dois assalariados declarava-se satisfeito com seu trabalho no início dos anos 2000, a taxa de satisfação aumenta ao longo da escala das qualificações e remunerações: para os altos cargos, a mudança se traduz, antes de tudo, em "um aumento de felicidade, ao preço de um investimento ainda maior" (Baudelot e Gollac 2003, p. 72). Observa-se o mesmo para as profissões intermediárias. Porém, a constatação é bem menos favorável para os funcionários, e ainda pior para os operários. Definitivamente, se "o coquetel autonomia-intensificação faz com que os executivos passem de um estado de felicidade a outro, ele imerge os operários na infelicidade" (*ibidem*, p. 323). Tanto de um ponto de vista objetivo (salários, condições de trabalho, perspectivas de carreira) quanto subjetivo (relação com o trabalho), parece, desse modo, ocorrer uma convergência entre a maior parte dos empregos de operário e os funcionários, de tal maneira que se tornar funcionário quando se advém de uma família operária assemelha-se, em geral, a uma forma de reprodução social.

Desse ponto de vista, a parcela dos filhos de operários que se tornam funcionários ou operários diminuiu cerca de 10 pontos no período, passando de 83% em 1983 para 73% em 2009, com proporções e evolução praticamente idênticas para homens e mulheres.

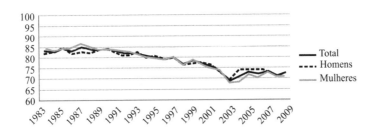

Figura 3: Parcela de filhos de operários
que exercem função de operários ou funcionários

Fonte: pesquisas Emprego, Insee, 1983-2010.
Corpus: homens e mulheres egressos da educação inicial depois de 5 a 8 anos.

O destino dos filhos de funcionários evoluiu de modo semelhante.

Entre 1983 e 2009, a parcela de filhos de funcionários que exercem função de operários ou funcionários diminuiu apenas 7 pontos, passando de 69% para 62%. A diminuição é mais acentuada para as filhas (de 74% para 63%) que para os filhos (de 64% para 60%).

Figura 4: Parcela de filhos de funcionários
que exercem função de operários ou funcionários

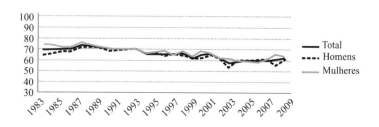

Fonte: pesquisas Emprego, Insee, 1983-2010.
Corpus: homens e mulheres egressos da educação inicial depois de 5 a 8 anos.

A probabilidade de permanecer confinado aos empregos de execução diminuiu, portanto, sutilmente entre os filhos de operários e funcionários, mesmo que esse destino ainda seja fortemente predominante, afetando mais de 60% dos filhos de funcionários e mais de 70% dos filhos de operários. Na base da estrutura social, a reprodução continua sendo realmente uma regularidade estatística.

A reprodução "pelo topo"

Observa-se o mesmo fenômeno no topo da hierarquia social. Entre os filhos cujo pai exerce um alto cargo ou uma profissão intelectual superior (CPIS), a probabilidade de reproduzir tal condição aumenta ainda mais consideravelmente, passando de 33% para 40%. Esse movimento geral dissimula evoluções diferentes de acordo com o gênero: se a probabilidade só aumenta em 2 pontos para os homens (de 42% para 44%), ela salta 14 pontos para as mulheres, atingindo 36% em 2009. Se a reprodução social intensifica-se no topo da estrutura, é porque as filhas recuperam seu atraso em relação aos irmãos. Mais ainda, se se contabilizam os cargos superiores e as profissões intermediárias (profissões outrora agrupadas pela designação de "cargos médios"), logo são 72% dos filhos de profissionais superiores que acedem a essas posições atualmente, contra 65% há 25 anos.

Figura 5: Parcela de filhos de CPIS que exercem função de CPIS

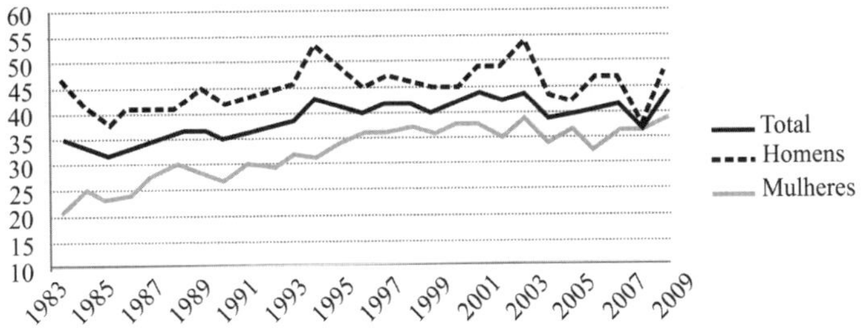

Fonte: pesquisas Emprego, Insee, 1983-2010.
Corpus: homens e mulheres egressos da educação inicial depois de 5 a 8 anos.

Uma lenta diminuição da reprodução dos filhos das classes populares e uma intensificação da dos filhos das categorias afortunadas conjugam-se para manter as forças da reprodução social quase constantes. No fim das contas, as desigualdades permanecem praticamente inalteradas, como mostra a seguir a Figura 6. A probabilidade de subir a um alto cargo evidentemente aumenta para os filhos das classes populares, mas também aumenta para aqueles que já eram mais favorecidos.

Figura 6: Proporção de cargos executivos, profissões intelectuais superiores e profissões intermediárias conforme a origem social

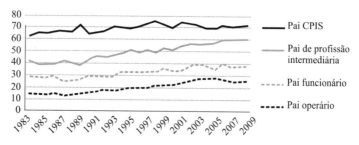

Fonte: pesquisas Emprego, Insee, 1983-2010.
Corpus: homens e mulheres egressos da educação inicial depois de 5 a 8 anos.

O aumento é, na verdade, de 11 pontos para os filhos de operários, mas também de 10 pontos para os filhos de executivos. Também aqui duas interpretações são possíveis. A primeira destacaria que mais de 45 pontos continuam separando os filhos das duas origens sociais e que as desigualdades não diminuíram, ao passo que a outra preferiria constatar que em 2009 os filhos de executivos tiveram somente três vezes mais chances de se tornar executivo ou profissional intermediário que os filhos de operários (a relação era de quatro vezes em 1983). Se consideramos unicamente a probabilidade de se tornar executivo ou profissional intelectual superior, ela não ultrapassa os 5% para os filhos de operários, ao passo que sobe de 33% para 39% para os filhos de executivos.

Diplomas e rendimentos: A intensificação da reprodução

A categoria socioprofissional do trabalho exercido é um indicador nada perfeito da reprodução. Esta, na verdade, é também visível na transmissão dos diplomas ao longo das gerações, mais particularmente no caso dos títulos universitários.

Em 2003, assim como em 1993, os filhos de pais diplomados eram claramente beneficiados no acesso aos diplomas do ensino superior. Mas, indo além, essa vantagem cresceu consideravelmente em dez anos. Com efeito, em 1993, entre os indivíduos de 30 a 39 anos, a probabilidade de ser diplomado em um segundo ou terceiro ciclo universitário* era de 5% para aqueles cujo pai e cuja mãe tinham, no máximo, um certificado de estudos primários (CEP), e de 42% para aqueles que tinham, no mínimo, um dos pais diplomado em um segundo ou terceiro ciclo universitário, constituindo uma diferença de 37 pontos. Uma década depois, as probabilidades são, respectivamente, de 6% e de 58% – uma diferença de 52 pontos. Esse fortalecimento do valor do diploma dos pais é igualmente observado nos casos de indivíduos cujo pai ou mãe é diplomado em primeiro ciclo: a diferença para os indivíduos cujos pais tinham, no máximo, um CEP passa de 17 para 29 pontos.

O papel do capital cultural dos pais é tal que seu peso persiste na origem social equivalente, por exemplo entre os filhos de executivos.

Em 1993, existia uma diferença de 30 pontos entre os filhos ou filhas de pai executivo, que estavam na casa dos 30 anos, sendo um dos pais, por sua vez, diplomado em um segundo ou terceiro ciclo universitário, ou titular de um CEP, no máximo. Em 2003, ainda entre esses filhos de pai executivo, a diferença sobe para 41 pontos.

---

* O nosso sistema de ensino superior no Brasil, em nível de bacharelado ou bacharelado profissionalizante, seria mais ou menos equivalente ao primeiro ciclo universitário francês, normalmente realizado em três anos; esses estudos podem ser prolongados para um segundo ciclo, de um a quatro anos, em que ocorre uma especialização ou até a obtenção do diploma de mestrado; o terceiro ciclo é reservado ao programa de doutorado. Portanto, esses dois últimos ciclos equivalem à nossa pós-graduação. (N.T.)

Tabela 2: Probabilidade (%) de ser diplomado
em um segundo ou terceiro ciclo universitário

Diploma dos pais	1993	2003
Nenhum diploma ou CEP	14	20
Bac + 2	28	42
Segundo ou terceiro ciclo universitário	44	61

Fonte: pesquisas "Formação e qualificação profissional", Insee, 1993 e 2003.
Corpus: filhos e filhas de pai executivo ou de profissão intelectual superior.
Leitura: em 1993, os filhos de pai executivo, com idade entre 30 e 39 anos e cujo pai ou mãe era, no mínimo, diplomado em um bac +2, constituíam 28% a serem diplomados em segundo ou terceiro ciclo; em 2003, somavam 42%.

O peso dessa reprodução cultural se traduz concretamente no aumento da estrutura dos diplomas: o movimento de democratização dos cursos preparatórios e das grandes universidades revela-se muito limitado e circunscrito no tempo. Pesquisas realizadas no início dos anos 2000 mostraram que, após um período de abertura relativa nos anos 1960 e 1970, a seletividade social das grandes universidades se fortalecia novamente, a partir dos anos 1980. No início dos anos 2000, a probabilidade de ingressar em uma importante universidade era superior a 20% para os filhos de pai que exerce função de alto executivo, uma profissão liberal ou de professor; mas era inferior a 1% para a maioria dos filhos de operários (Albouy e Wanecq 2003). Mais recentemente, as publicações do Ministère de l'Education Nationale (Ministério da Educação Nacional) destacaram a permanência das desigualdades sociais no acesso aos cursos preparatórios: em 2011, assim como em 2001, 50% dos inscritos em curso preparatório das grandes universidades tinham um pai que trabalhava em alto cargo ou em profissão liberal, e apenas 6%, um pai operário (Ministère de l'Education Nationale 2012).

Em uma sociedade que faz do diploma o passaporte de acesso aos melhores empregos e às categorias sociais superiores, a competição pelos títulos escolares é uma questão crucial. Desse ponto de vista, não se chega a uma estabilidade da reprodução mas sim a uma *intensificação:* em dez anos, a vantagem dos filhos de pais diplomados no ensino superior cresceu de modo significativo. Em outras palavras, ter origem em uma família cujos recursos culturais são frágeis torna-se cada vez mais penoso.

Dado que o nível de rendimento está correlacionado ao nível de titulação, não surpreende observar uma reprodução das desigualdades de rendimentos entre as gerações: sua intensidade não diminuiu em um período recente (Lefranc e Trannoy 2004). Se a França aparece, segundo esse indicador, com mais mobilidade do que os Estados Unidos, isso se inverte em relação aos países escandinavos. A transmissão intergeracional da renda, bem frequentemente mobilizada pelos economistas para medir o grau de fluidez das sociedades, possui a vantagem de favorecer a comparação internacional. Sendo assim, os resultados são convergentes: contrariamente à crença de que os países liberais teriam mais mobilidade, os Estados Unidos e, em um grau mediano, o Reino Unido são países onde a transmissão das desigualdades entre as gerações permanece muito forte.[6] Além disso, na Europa, a mobilidade seria menos frequente nos países do Sul, e a França estaria em uma situação mais favorável, sem, no entanto, pertencer ao grupo das sociedades de maior mobilidade.

Um importante trabalho de comparação leva a distinguir três grupos de países. Entre as sociedades com menos mobilidade estão o Reino Unido e os Estados Unidos, assim como a França (constata-se de 40% a 50% de transmissão, de pai para filho, de vantagens em matéria de renda). No grupo de sociedades com

---

6. Ver, por exemplo, Björklund e Jäntti (2000).

mobilidade média estão a Suécia e a Alemanha (por volta de 30% de transmissão intergeracional). Enfim, no grupo das sociedades com mais mobilidade figuram Dinamarca, Noruega, Finlândia e Canadá (de 15% a 20% de transmissão) (Corak 2006).

Uma síntese recente consagrada à transmissão das desigualdades de rendimentos e de diplomas no seio da OCDE confirma tais resultados: no que concerne à reprodução social, com exceção da situação pouco vantajosa do Reino Unido, observa-se um fator geográfico: a reprodução social diminui do Sul ao Norte e, na lista dos vencedores, a França está, certamente, mais bem colocada que a Itália e a Espanha, porém bem menos que a Alemanha e os países escandinavos (Causa *et al.* 2009).

Da observação sociológica à ação pública

Ao privilegiarmos o indicador da profissão exercida, nós só esclarecemos um aspecto da reprodução das desigualdades entre as gerações. Uma análise fina da composição das elites ou, no outro extremo, da grande precariedade evidenciaria uma transmissão das vantagens e desvantagens sociais bem mais intensa. Então, a medida da mobilidade social conduz a uma constatação irrefutável: com toda certeza, o rápido movimento de diminuição da imobilidade social observado nos anos 1950 e 1960 e descrito no primeiro capítulo deste livro está hoje estacionado. Na verdade, ao longo dos últimos 25 anos, a intensidade da reprodução social não diminuiu. Se, malgrado uma precarização crescente do contrato de trabalho, os filhos das classes populares sobem ao assalariado médio mais do que no início dos anos 1980, progressos de mesma ordem são observados entre os filhos de executivos e profissionais liberais. No fim das contas, as desigualdades não diminuem e o regime de mobilidade social segue inalterável.

A persistência de tal reprodução social é, nesse ponto, problemática, não apenas porque ela confirma a existência de uma intensa *desigualdade das chances sociais*. No fundo, mesmo se os filhos das classes populares vissem se entreabrir as portas do assalariado executivo, de maneira significativa, em detrimento dos indivíduos originados dos meios favorecidos, a sociedade não poderia se julgar eximida de sua tarefa de equalização das condições. Tornar-se executivo não é, evidentemente, um objetivo universal. Assim, o que é problemática é a extraordinária dicotomia dos empregos, que afunda milhões de assalariados de execução, do setor de serviços e mesmo aqueles da indústria em uma precarização crescente de suas condições de vida: remuneração ruim, penosidade do emprego, fraca consideração social, ausência de perspectivas em matéria de formação ou de evolução de carreira. Como justificar que vários milhões de indivíduos sejam assim abandonados à própria sorte?

Os números apresentados anteriormente referem-se aos indivíduos egressos da educação inicial há menos de dez anos, mesmo que possa parecer um pouco precoce ratificar definitivamente seus destinos sociais. Associado à polarização dos empregos e à transmissão quase hereditária dos estatutos sociais, o forte predomínio do diploma observado na França não incita nem um pouco ao otimismo, já que contribui para fixar precocemente o destino dos indivíduos.

Entretanto, a educação difundiu-se amplamente na sociedade desde os anos 1950. Então, perguntas voluntariamente caladas até aqui surgem: como explicar que a reprodução das desigualdades mantenha-se a um nível tão elevado? Como explicar que o destino dos indivíduos permaneça a esse ponto ligado àquele de seus pais, ainda que o nível de educação não pare de crescer ao longo das gerações? Como explicar que o destino dos filhos das classes populares não esteja mais claro, uma vez que eles ganharam diversos anos de escolaridade? Em resumo, como explicar que as cartas não estejam ainda desgastadas ao longo das gerações?

O fato de que sete filhos de operários a cada dez exerçam também empregos de execução leva a questionar a eficácia da "democratização" escolar e universitária. Várias décadas depois que Bourdieu e Passeron descreveram os mecanismos pelos quais se perpetuam as desigualdades sociais, convém questionar mais uma vez a capacidade do sistema educativo francês de impedir os mecanismos da reprodução.

3
OS PONTOS CEGOS DA DEMOCRATIZAÇÃO ESCOLAR

Assim que a Terceira República de Jules Ferry torna o ensino primário gratuito e obrigatório, ela atribui à escola uma missão central: reforçar a coesão social. Dado que, nos termos de Émile Durkheim (1978), "a sociedade só pode viver se houver entre seus membros suficiente homogeneidade", então a educação pode e deve reforçar essa homogeneidade fixando, no espírito das crianças, "as similitudes essenciais que a vida coletiva exige". Mas, se a escola reforça a coesão social, isso ocorre também porque ela pretende ser o vetor da mobilidade social: ela acompanha o advento de uma sociedade meritocrática na qual os lugares distribuem-se independentemente do nascimento, exclusivamente em função dos méritos e das capacidades dos indivíduos. A escola oferece, portanto, um princípio de regulação da competição social em torno do qual podem estar indivíduos de todas as origens sociais.

Há 60 anos, o nível de educação não parou de aumentar no curso das gerações. Antes amplamente excluídos do ensino secundário, os filhos das classes populares viram sua escolarização se prolongar inicialmente até o ensino fundamental, depois ao médio, até presenciarem a abertura das portas do ensino superior. Entretanto, ao longo dos últimos 25 anos, a intensidade da reprodução social não diminuiu e a melhora das perspectivas dos filhos de empregados e operários não esteve à altura dessa "explosão" escolar.

Os limites da massificação escolar

Em 1962, Alain Girard e Henri Bastide coordenaram uma grande pesquisa do Ined* voltada ao ingresso no sexto ano e realizada através de uma amostragem representativa de 20.000 alunos do sétimo ano (ou de *CM2*).** Em setembro daquele ano,*** apenas 55% das crianças ingressaram no sexto ano, ao passo que mais de 40% permaneceram na escola primária ou nos cursos complementares do primário superior, atingindo a idade final da escolaridade obrigatória (Girarde, Bastide e Pourcher 1963). O resultado é impressionante: quase a metade das crianças nascidas entre 1950 e 1952 não frequentou o ensino secundário. Tomando consciência da penúria que se aproximava, em um contexto de forte crescimento econômico, dos técnicos, engenheiros e outros assalariados qualificados, os poderes públicos tornam, enfim, efetivo o prolongamento da escolaridade obrigatória (até 16 anos) prevista pela lei Berthoin de 1959. As portas do ensino secundário se abrem,

---

*   Ined é o Instituto Nacional de Estudos Demográficos da França. (N.T.)
**   CM2 significa *Cours Moyen 2ᵉ année* e equivale ao último ano do ensino primário. Muitas das referências a anos e ciclos escolares apresentadas neste capítulo serão traduzidas de modo aproximativo, em razão de o sistema de contagem francês ser bem diferente do brasileiro. (N.T.)
*** O ano escolar na França inicia-se em setembro. (N.T.)

assim, aos filhos das classes populares; os efetivos do primeiro ciclo do secundário aumentam em mais de 40% entre 1960 e 1985.

A etapa seguinte corresponde à abertura do ensino médio generalista e profissionalizante, assim que é proclamado o objetivo de conduzir 80% de uma faixa etária ao nível do *bac*. O segundo ciclo geral e tecnológico, cujos efetivos já passavam de 420.000 a 1,1 milhão de alunos entre 1960 e 1980, ganha ainda cerca de 500.000 alunos entre 1980 e 1990.[1] Enfim, antes amplamente excluídos do ensino superior, os filhos das classes populares aí ingressaram, de forma que os estudantes desse nível não são mais apenas os "herdeiros" descritos nos anos 1960 (Bourdieu e Passeron 1964). Entre 1960 e 2010, o número de estudantes foi multiplicado por 7, passando de 300.000 a mais de 2,3 milhões, dos quais 11% tinham um pai operário e 12%, um pai empregado.

Assim, ao longo das últimas décadas, a escola transformou-se consideravelmente. Em outros tempos reservada às crianças "bem nascidas", viu seus efetivos explodirem enquanto as taxas de escolarização progrediam até faixas etárias cada vez mais elevadas, no ritmo da abertura dos diferentes níveis do sistema educativo às crianças das classes populares. Essa massificação escolar, de uma amplitude considerável, constitui uma das maiores transformações sociais do último meio século. Apesar disso, falta percorrer uma parte importante do caminho e convém ponderar sobre o alcance da massificação escolar, o que conduz ao questionamento de algumas ideias prontas.

Como primeiro ponto, ao passo que o acesso de todos a uma qualificação era o cerne da lei de orientação votada sob os

---

1. A maioria dos números mencionados nessa seção são provenientes de *Repères et références statistiques*, Ministère de l'Education Nationale (2011).

incentivos de Lionel Jospin em 1989, muitas dezenas de milhares de jovens saem a cada ano do sistema educacional sem qualificação. Os últimos números para os anos de 2007-2009 permitem estimar por volta de 120.000 egressos: sem qualquer diploma (65.000) ou com, no máximo, um certificado (57.000), o que significa quase 20% do conjunto dos egressos, condenados por toda a vida a alternar períodos de desemprego e de emprego precário em função do acaso, da conjuntura. Assim, em 2010, 56% dos jovens egressos sem diploma do ensino médio no ano precedente estavam desempregados, e 21%, empregados, dos quais apenas 7% com contrato de tempo indeterminado. Enquanto se dissemina a ideia de que os "jovens" estariam muito diplomados, menos de 40% deles deixam o sistema escolar com um diploma de ensino superior, e um quarto apenas com um diploma de nível equivalente ou superior à formação do segundo ciclo.*

Figura 7: Proporção dos diplomados por geração

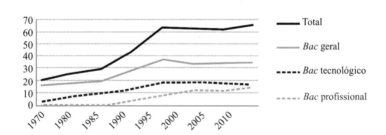

Fonte: Ministère de l'Education Nationale (Ministério da Educação Nacional) 2011.

---

* O ensino superior francês e de diversos outros países também se divide em dois ciclos: o primeiro corresponde aos dois ou três primeiros anos, nos quais é priorizada uma formação mais generalista; e o segundo corresponde ao aprofundamento das competências técnicas e profissionais do universitário. (N.T.)

Outra ideia pronta: hoje nós "daríamos" o *bac* "a todo mundo". Tampouco nesse caso a afirmação resiste ao teste dos fatos. Se as turmas do ensino médio foram amplamente democratizadas e se o *bac* não é mais um diploma reservado a uma pequena elite, o objetivo de ter 80% da faixa etária correspondente nesse nível está longe de ser atingido: após os meados dos anos 1990, a parcela dos que possuem um *bac* não aumentou mais e permanece abaixo de 65%.

Se considerarmos apenas o *bac* geral, sua obtenção concerne a apenas 34% de uma dada faixa etária em 2010, proporção estável após mais de 15 anos. O "pico" dos diplomados no *bac* no seio de uma geração, atingido em 2011 e, depois, em 2012, resulta então do aumento dos efetivos do *bac* profissional, ao passo que a separação social de diferentes fileiras tende a se acentuar.

Além disso, depois do *bac*, a taxa de continuidade nos estudos no ensino superior reflete uma baixa bastante sensível em meados dos anos 2000, diminuindo em 4 pontos para os *bacs* gerais e tecnológicos (Ministère de l'Education Nationale 2009), e esse desinteresse não parece atualmente compensado. Assim, após ter progredido de maneira contínua do início dos anos 1960 até meados dos 1990, a expectativa de escolarização se estabiliza e depois diminui levemente: uma criança que entrasse no maternal em 1995 podia esperar uma escolarização com duração de 19 anos, seis meses mais do que em 2009 (Ministère de l'Education Nationale 2010). As últimas informações da OCDE para o ano de 2012 confirmam essa inquietação: enquanto, entre 1995 e 2010, a taxa de escolarização na faixa de 15 a 19 anos progrediu em mais de 10 pontos na OCDE, na França, ao contrário, ela diminuiu, passando de 89% a 84%.

No final das contas, se o nível de educação cresce no curso das gerações, e se o progresso das taxas de escolarização em todas as idades é impressionante no longo prazo, zonas de sombra persistem.

Mais de 120.000 jovens saem todo ano sem qualquer diploma ou apenas com os certificados dos colégios. A parcela de *bacs* no seio de uma geração está estagnada há mais de 15 anos, a tal ponto que dois jovens em três não são titulares de um *bac* geral.

Em uma sociedade em que o diploma simboliza uma forte marca na inserção profissional e no desenvolvimento da carreira, os "vencidos" da competição escolar conservam os estigmas de seu fracasso de forma durável. O fato de que os filhos das classes populares sejam numerosos entre eles contribui para manter um grau elevado de reprodução social. Dessa forma, dos indivíduos egressos da formação inicial com, no máximo, um certificado do colégio, ao longo dos últimos anos, 55% têm um pai operário e 70%, uma mãe sem diploma. Apenas 3% têm um pai executivo e menos de 2% uma mãe diplomada no ensino superior (Bouhia *et al.* 2011).

Aliás, além dessas nuances que devem ser relacionadas à elevação do nível de educação das crianças das classes populares, é o alcance do movimento de democratização escolar que deve ser questionado.

Que democratização escolar?

Além da elevação das taxas de escolarização, resta medir o alcance da democratização das chances escolares: em que medida a massificação do ensino permitiu reduzir as desigualdades entre os diferentes grupos sociais? Também nesse ponto a constatação parece evidente: na pesquisa do Ined de 1962, a taxa de entrada nas salas de sexto ano variava de 32% para os filhos de agricultores assalariados a 95% para os filhos dos altos executivos, sendo ainda 45% para os dos operários e 67% para os dos funcionários.

Hoje, os filhos dos operários constituem perto de 28% das crianças escolarizadas no ensino fundamental, um peso em plena conformidade com sua fatia no conjunto da população. Ao passo que os filhos de operários, que são nascidos nos anos 1930 e que obtêm o *bac*, contabilizam 2%, a proporção é de 49% para seus correspondentes nascidos entre 1983 e 1987. Do mesmo modo, enquanto as estatísticas (lacunares para esse período) permitem entrever que os filhos de operários representavam por volta de 5% dos estudantes no início dos anos 1960, sua proporção cresce para 11% em 2010, ao passo que sua parcela na população ativa diminui. Ensino fundamental, médio, superior: os filhos de operários e, de modo mais geral, das classes populares ultrapassaram uma após outra as diferentes portas da educação. Desse ponto de vista, a democratização da escola não deixa mais dúvidas.

Entretanto, após muitos anos, o alcance desse movimento de democratização está sendo, se não questionado, ao menos seriamente ponderado. Em primeiro lugar, o progresso da escolarização das crianças das classes populares não deve ser superestimado: se sua parcela aumenta em todos os níveis, ela rapidamente diminui ao longo do percurso. Por exemplo: 38% dos alunos de sexto ano em 1995 eram filhos de operários (ou de inativos), mas, sete anos depois, eles representavam apenas 19% dos *bacs* gerais. Inversamente, os filhos dos altos executivos veem sua proporção duplicar, passando de 16% a 33%. Dito de outra forma, longe de terem desaparecido, as desigualdades foram empurradas para mais longe no percurso escolar: no fim das contas, a estrutura das desigualdades evolui apenas levemente. Os números mais recentes, além disso, destacam a que ponto a eliminação das crianças vindas de meios menos favorecidos pode ser rápida e precoce: em 2011, os filhos de operários representavam 28% dos estudantes primários, mas apenas 19% dos secundários, normais e técnicos.

Além disso, se os filhos das classes populares se beneficiaram da expansão da educação, este também é o caso das crianças vindas de meios mais favorecidos, como testemunha a evolução da parcela dos diplomados do ensino superior em função da origem social.

Figura 8: Parcela dos diplomados no superior em função da origem social

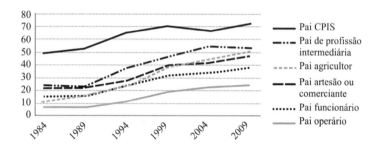

Fonte: pesquisas Emprego, Insee, 1983-2010.
Corpus: homens e mulheres egressos da educação inicial depois de 5 a 8 anos.

Entre 1984 e 2009, a parcela dos filhos de operários com diploma de ensino superior aumentou em 18 pontos, passando de 6% a 24%; mas, no mesmo período, essa porcentagem aumentou em 24 pontos para os filhos das classes mais ricas, dos quais 74%, a partir de então, detêm um diploma escolar desse nível. Notamos aqui que foi entre os filhos daqueles que exercem uma profissão intermediária que a proporção mais aumentou, passando de 23% a 54%, o que deveria levar a nuançar as análises sobre a separação das categorias intermediárias e das demais classes médias: em todo caso, do ponto de vista do futuro escolar de seus filhos, elas participaram plenamente da expansão da educação, o que teve um efeito bastante claro sobre a evolução das trajetórias profissionais. Os filhos daqueles que exercem uma profissão intermediária são aqueles que, no período, viram a probabilidade de aceder a um emprego executivo aumentar mais claramente.

Se as categorias intermediárias recuperaram uma parte de seu atraso diante dos altos executivos ou dos profissionais liberais, este está longe de ser o caso das crianças das classes populares. Adotando um outro ângulo de análise, Pierre Merle chega a uma conclusão similar. Propondo considerar a educação como um bem dentre outros, ele mede a evolução da idade de fim de estudos por decil. Entre 1985 e 2010, os 10% daqueles com mais formação ganharam 4 anos de escolarização (em média, eles deixavam a escola com 22 anos, contra 26 anos atualmente), ao passo que os 10% daqueles com o percurso escolar mais abreviado ganharam apenas 1,3 ano (em 2010 eles deixaram a escola em média com 17 anos). Parecendo que essa tendência, ademais, agrava-se no período mais recente, Merle (2012) conclui que o suplemento de educação difundido a partir do início dos anos 1980 teve um efeito antirredistributivo, favorecendo os favorecidos e agravando as desigualdades.

Mediante outros métodos e outros dados, Louis-André Vallet e Marion Selz chegam a uma conclusão compatível com essas últimas constatações: o essencial da democratização do ensino, tal qual ela pode ser observada comparando os destinos escolares das categorias mais favorecidas àqueles dos grupos mais desfavorecidos, repousa, na realidade, sobre a melhora bastante significativa da escolaridade das crianças provenientes das categorias agrícolas, daqui em diante bem pouco numerosas. Além disso, a estrutura das desigualdades entre os filhos dos operários e os filhos dos altos executivos ou dos professores não se alterou (Vallet e Selz 2007).

Escalonamento em todas as etapas

Para explicar a ausência de uma real democratização escolar, um outro argumento, desde então bem conhecido, é aquele do crescente escalonamento do sistema educacional. Ao mesmo tempo em que progridem as taxas de escolarização, os diferentes níveis de ensino veem sua estrutura se complexificar com a criação de novos escalões. O exemplo mais eloquente provavelmente é o do *bac*. A criação do *bac* tecnológico em 1968 e a do *bac* profissional em 1985 contribuíram muito para o aumento da taxa de diplomados ao longo das coortes sucessivas. Ora, esses diferentes escalões, que não preparam para o mesmo futuro, são bem clivados socialmente: apenas um terço dos filhos de operários com *bac* em 2009 completam um *bac* geral, contra três quartos dos filhos dos altos executivos. Em 2010, 36% dos candidatos ao *bac* profissional tinham um pai operário, contra apenas 15% dos alunos da classe final do nível geral.

Esse escalonamento também pode ser encontrado no ensino superior. Nós destacamos a relativa abertura do ensino superior aos filhos das classes populares. Mesmo que a universidade francesa ainda esteja longe de ter todos os perfis da sociedade do ponto de vista da origem social dos estudantes, as "chances simbólicas" que as famílias desfavorecidas tinham de enviar seus filhos a essas instituições – medidas por Bourdieu e Passeron no início dos anos 1960 – aumentaram de maneira não negligenciável. Os "eleitos" da universidade não são mais recrutados unicamente entre as famílias afortunadas, economicamente ou culturalmente.

Entretanto, também aqui desigualdades qualitativas vieram aniquilar o efeito desse esboço de democratização do ensino superior. Os filhos de operários, assim que seguem seus estudos depois do *bac*, ficam concentrados no nível superior curto (turmas de técnicos superiores ou do Instituto Universitário de Tecnologia) e aparecem pouco representados nos "nobres" escalões dos cursos universitários (direito, medicina).[2] E, quando se leva em conta o sistema de classes preparatórias e das grandes universidades, acentuam-se ainda mais as desigualdades sociais da trajetória no ensino superior. Dos alunos das "grandes instituições", 51% têm um pai que é executivo ou que exerce uma alta profissão intelectual, e 4%, um pai operário, assim como 58% dos alunos das Grandes Escolas Normais Superiores encaixam-se no primeiro caso, contra 2% no segundo. A polarização social dos diferentes escalões do ensino superior é bastante forte: nos níveis em que os filhos dos executivos são extremamente numerosos, os filhos dos trabalhadores figuram como exceções estatísticas. Trabalhos recentes destacam uma intensificação dessa segmentação social: os escalões de excelência são ainda mais fechados socialmente que as séries de *bacs* mais prestigiadas (Sautory 2007).

Levar em conta essa "democratização segregativa" e não "igualitária" (Merle 2000),[3] ligada a um sistema educativo cada vez mais estratificado, é essencial se desejamos medir o alcance real da democratização escolar. No que diz respeito ao acesso ao *bac*, os resultados diferem significativamente, caso consideremos ou não sua série. Sem considerar o escalonamento, o acesso ao *bac* foi inegavelmente democratizado. Em compensação, se considerarmos o tipo de *bac* obtido, a intensidade das desigualdades sociais não diminuiu ao longo do tempo (Ichou e Vallet 2011), o que tende a validar uma hipótese formulada em 2001 por Samuel Lucas, ao evocar

---

2. Os filhos de operários representam 11% dos estudantes durante o ano universitário 2010-2011, mas 21% dos efetivos dos Cursos de Tecnólogo Superior e 15% daqueles dos Institutos Universitários de Tecnologia. Em contrapartida, eles representam apenas 5% dos estudantes de medicina.
3. Para uma reflexão sobre a democratização segregativa no ensino superior, ver Duru-Bellat e Kieffer (2008).

a "*effectively maintained inequality*" (Lucas 2001): as desigualdades persistem nos fatos.

As constatações são, portanto, bastante sombrias: várias décadas de esforços da nação em matéria de educação não permitiram aliviar significativamente o peso das desigualdades sociais no campo das carreiras escolares. Ao passo que antes os filhos oriundos dos meios ricos em capital econômico e cultural distinguiam-se pela duração mais longa de sua escolarização (desigualdades quantitativas), atualmente distinguem-se pela escolha de trajetórias de excelência das quais estão excluídos os filhos das classes populares (desigualdades qualitativas). Nesse contexto, não pode surpreender a persistência das forças da reprodução social.

Escola e mobilidade social

O caráter incompleto da massificação escolar e o alcance bastante limitado da democratização que ela promove explicam por que a reprodução social continua tão forte e tão estável no tempo. Restam a sublinhar os limites do papel intrínseco da educação no processo de mobilidade social.

Certamente não se trata de colocar em questão a qualidade da proteção social e profissional que oferece um nível elevado de diploma, particularmente em período de crise. Quanto maior é o nível do diploma menor é a probabilidade de desemprego. Em 2010, 20% dos jovens egressos entre um e quatro anos da formação inicial estavam desempregados, mas esse número dissimula grandes disparidades: o desemprego atinge 44% dos que possuíam até, no máximo, um certificado de ensino médio, 23% dos que possuíam um *bac* ou eram titulares de um Certificado de Aptidão Profissional ou

Diploma de Estudos Profissionais e 11% dos diplomados no ensino superior. A distância entre os menos diplomados e aqueles com ensino superior é de mais de 30 pontos, ao passo que era, no início dos anos 1980, de apenas uma quinzena de pontos: nunca o diploma constituiu uma proteção tão forte contra o desemprego – e neste momento esse risco é particularmente elevado.

Além do mais, a probabilidade de acesso rápido a um emprego estável cresce conforme o nível do diploma. Em 2010, a probabilidade de assinar um contrato de trabalho por tempo indeterminado com menos de quatro anos da conclusão dos estudos era de 64% para os portadores de um diploma de nível superior longo – com, ao menos, um segundo ciclo universitário; 60% para os de superior curto; 48% para os com *bac*; 44% para os com Certificado de Aptidão Profissional ou Diploma de Estudos Profissionais; e apenas 28% para os indivíduos com, no mínimo, certificados de ensino médio. Aqui também a distância entre os dois extremos da hierarquia dos diplomas é de mais de 35 pontos, ao passo que era da ordem de duas dezenas no início dos anos 1980. Enfim, um nível alto de diplomação constitui o passaporte rumo aos empregos de gerência. Em 2010, 45% dos jovens que saíam da formação inicial diplomados no ensino superior longo exerciam um emprego de gerência ou uma profissão intelectual superior; essa proporção cai para 4% para os diplomados do superior curto, representando 56% dos que exercem uma profissão intermediária. Inversamente, 88% dos não diplomados exerciam um emprego de funcionário ou de operário.

Se o diploma constitui o melhor passaporte para o emprego (e, de modo singular, rumo ao emprego estável e de gerência), não deixa de ser verdade que as colocações oferecidas por um mesmo nível de diploma variaram no curso do último quarto de século, e raramente de maneira positiva. A parcela de empregos estáveis entre um e quatro anos após a obtenção de um diploma de ensino superior curto diminuiu em 10 pontos, passando de 70% a 60%. A diminuição é da ordem de 14 pontos para os que detêm um *bac*, um Certificado de Aptidão Profissional ou Diploma de Estudos Profissionais, e de 20 pontos para os menos diplomados. Apenas os diplomados do superior longo mantiveram sua posição no período. Em contrapartida, estes têm se tornado altos executivos com bem menos frequência do que há 25 anos: se são ainda 45% nesse caso, eram 65% em meados dos anos 1980. Observa-se a mesma variação entre os diplomados do superior curto, que eram 70% acedendo a uma profissão intermediária, proporção que hoje caiu para 56%.

Se o diploma constitui atualmente, mais do que nunca, a melhor proteção contra o desemprego e os empregos precários ou provisórios, cada um deles visto isoladamente tem seu valor absoluto diminuído. Essas duas constatações não são contraditórias, ao contrário do que frequentemente faz supor o debate entre aqueles que sublinham os benefícios da democratização escolar e aqueles que medem a desvalorização dos diplomas. Esse debate é bastante artificial e depende do ponto de vista adotado: obter um diploma do ensino superior é mais necessário do que nunca para se inserir em boas condições no mercado de trabalho, mas ter um alto diploma não oferece uma proteção absoluta contra o rebaixamento, mesmo se os mais diplomados são evidentemente aqueles com mais chances de se recolocar na sequência (Giret *et al.* 2006).[4]

As dificuldades de inserção no mercado de trabalho diminuem à medida que se eleva o nível do diploma; assim, não é pelo fato de que a proteção que os títulos escolares oferecem esconde falhas que nós evocamos os limites da escola no processo de mobilidade social. Trata-se, mais profundamente, de nos interrogarmos sobre o que poderia

---

4. Eles estimam em mais de um quinto a parcela dos jovens rebaixados três anos após o fim de seus estudos.

ser uma democratização escolar "perfeita", dado que, considerando um nível equivalente de diploma, as crianças das classes populares continuam submetidas a desvantagens ligadas à sua origem social. Essa desvantagem está pouco relacionada à probabilidade de obter um emprego – com diploma equivalente, ela varia muito pouco em função da origem social; ela é, sobretudo, observável em termos de categoria socioprofissional do emprego exercido.

Assim, entre um e quatro anos após a obtenção de um diploma de segundo ou terceiro ciclo universitário, a probabilidade de exercer um emprego executivo ou uma profissão intelectual superior (CPIS) varia sensivelmente em virtude da origem social, com a proporção oscilando entre 25% para os filhos de operários e 55% para os filhos dos executivos (46% quando o pai exerce uma profissão intermediária, 37% quando está empregado, 42% quando é agricultor, artesão ou comerciante). Essa expressiva desvantagem não é apenas conjuntural e relativa à inserção no mercado de trabalho: ela persiste por um período de cinco a oito anos após a conclusão dos estudos iniciais.

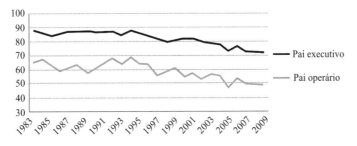

Figura 9: Proporção de executivos e profissionais intelectuais superiores entre os diplomados do superior longo

Fonte: pesquisas Emprego, Insee, 1983-2010.
Corpus: indivíduos egressos da formação inicial, entre 5 e 8 anos, com um diploma de segundo ou terceiro ciclo universitário.

Entre 1983 e 2009, a desvantagem dos filhos de operários comparados aos de executivos permaneceu quase constante e superior a 20 pontos no fim do período: para um mesmo nível de diploma, os primeiros só têm uma chance em duas de aceder a empregos de CPIS, contra duas chances em três para os segundos. Pode-se com razão levantar como objeção que os diplomas do superior longo não constituem uma categoria homogênea, nem em termos de duração de estudo (segundo ou terceiro ciclo) nem em termos de diploma (grande universidade, universidade e suas diferentes estratificações etc.). Com efeito, o escalonamento do ensino superior explica uma parcela dessas distâncias. Elas, no entanto, persistem tão logo busquemos construir categorias de diplomas mais homogêneas. Isolando apenas os que possuem um terceiro ciclo universitário, pouco numerosos entre os filhos dos operários, a probabilidade de exercer um emprego de CPIS era de 77% para os filhos dos executivos em 2009 e de 63% para os filhos dos operários.

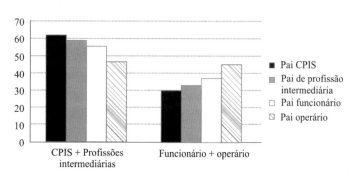

Figura 10: Futuro profissional dos titulares de um BTS ou DUT

Fonte: pesquisas Emprego, Insee, 1983-2010.
Corpus: indivíduos egressos da formação inicial, entre 5 e 8 anos, com um Diploma de Tecnólogo Superior (BTS) ou um Diploma Universitário Tecnológico (DUT).

Essa desvantagem também existe para os diplomados do superior curto. Cinco a oito anos após ter obtido tal diploma, 67% dos filhos de executivos exercem uma profissão intermediária ou um alto emprego executivo, contra 53% dos filhos de operários. Se restringirmos o campo apenas aos diplomados em Cursos de Tecnólogo Superior e com Diploma Universitário de Tecnologia, a proporção passa a 62% para os primeiros e 47% para os segundos.

Essas grandes e significativas diferenças explicam-se em parte pela não consideração do tipo de formação seguida. Mas há outra questão: elas persistem em níveis elevados, mesmo quando restringimos o campo a tipos de diplomas mais homogêneos do ponto de vista do recrutamento social de seus diferentes escalões. Portanto, essas distâncias indicam que o diploma não é a única variável que exerce efeito sobre as posições sociais alcançadas. Se o diploma exerce evidentemente um efeito massivo sobre os destinos profissionais e sociais, a origem social ainda continua, no que diz respeito a diplomas equivalentes, a influenciá-los.

Mais do que isso, técnicas estatísticas mais avançadas permitem mostrar que, ao longo dos dez últimos anos, a "penalidade" ligada a uma origem social modesta aumentou sobremaneira. Em 1999, neutralizando o efeito do gênero e considerando nível de diploma equivalente, jovens por volta de 30 anos cujo pai era operário tinham uma probabilidade inferior em 8 pontos de exercer um cargo executivo ou uma profissão intelectual, em relação a seus correspondentes com pai executivo. Dez anos depois, em 2009, essa "penalidade" cresceu 14 pontos. Da mesma forma, a desvantagem aumenta para os filhos de funcionários, passando de 7 a 11 pontos[5] em 10 anos.

---

5. Segundo modelos de regressão estimados a partir das pesquisas Emprego do Insee com homens e mulheres com idades entre 30 e 39 anos. Vale notar que, entre 1989 e 1999, a intensidade da "penalidade" permanece

A escola, uma "agência de seleção"

Assim, mesmo que o efeito do nível do diploma mantenha-se constante (com origem social equivalente, os diplomados em um segundo ou terceiro ciclos universitários têm uma probabilidade superior em 60 pontos de exercer tal cargo, em comparação aos não diplomados), o efeito da origem social, longe de desaparecer, tende, ao contrário, a se intensificar. Este último resultado pouco otimista não parece concernir apenas à França: trabalhos comparativos, concluídos ou em curso, apresentam resultados convergentes para numerosos países europeus.[6]

Com respeito às desigualdades sociais em matéria de educação, duas constatações emergem. Primeiramente, apesar da ampla massificação escolar ao longo da segunda metade do século XX, a democratização escolar pouco progrediu. *Desigualdades quantitativas* de acesso aos diferentes níveis do sistema educacional tendem a ser suplantadas por *desigualdades qualitativas* ligadas a uma estratificação crescente desses mesmos níveis. Assim, no momento em que as diferentes fechaduras desaparecem e quando os filhos das classes populares atingem um novo degrau, o jogo dos níveis de formação permite aos filhos das classes favorecidas manter sua vantagem. O acesso de uma proporção crescente de faixas etárias sucessivas ao *bac* não teria sido possível sem a criação do *bac* profissional, do qual os filhos das classes populares constituem as principais incubadoras. O acesso de uma proporção crescente destes aos primeiros ciclos do ensino superior provoca um estrangulamento social do recrutamento das turmas preparatórias e das grandes universidades, bem como

---

constante, o que parece indicar que a desvantagem dos filhos das classes populares, com diploma equivalente, foi aprofundada no período recente.
6. Ver, por exemplo, Breen (2004).

das formações prestigiadas da universidade. Na realidade, essas estratégias de esquiva e de distinção da parte das famílias favorecidas (ou seja, ricas em capital econômico ou cultural) enraízam-se bem antes, desde os primeiros anos da escolarização.[7]

A persistência das desigualdades sociais no campo da educação demonstra que a reprodução social não diminuiu. Entretanto, esta aparece como menos problemática, já que não provém mais do nascimento. Ela parece produzida por uma "agência de seleção", a escola, pensada supostamente para recompensar o mérito individual, como sublinha Antoine Prost, analisando a história do sistema educacional francês depois da Segunda Guerra Mundial. Sua evolução

> não apenas consolidou a estratificação social: ela a legitimou, pois ela a fez repousar sobre critérios aparentemente escolares e não mais sociais. Ela convidou os membros de diferentes grupos sociais a interiorizar suas posições sociais respectivas e as assumir como uma consequência de seu mérito desigual. Ela transformou em mérito ou em incapacidade pessoais aquilo que teríamos antes imputado ao acaso do nascimento. (Prost 1997, p. 111)

Enfim, a persistência de uma forte desvantagem para os filhos das classes populares mesmo com nível equivalente de diploma destaca os limites do papel da educação no processo de mobilidade social: nem mesmo uma democratização perfeita transformaria a sociedade francesa em um paraíso da meritocracia e da fluidez social. Essa última constatação permite avaliar a dimensão do combate a empreender.

---

7. Muitos trabalhos etnográficos permitiram notar a dimensão dessas estratégias familiares. Ver Van Zanten (2009) ou o número recente dos *Actes de la recherche en sciences sociales* (Colletif 2009).

4
A IGUALDADE AO LONGO DE TODA A VIDA

A busca por uma fluidez social perfeita é provavelmente ilusória. Além do mais, não é certo que um regime desse tipo seja a garantia de uma sociedade perfeitamente justa nas oportunidades que oferece a seus diferentes participantes (ver Swift 2004). Entretanto, livrar-se das amarras da reprodução social constitui um projeto essencial de sociedade, seja recompensando, numa ótica liberal, o mérito individual (e não a herança), seja favorecendo, numa ótica socialista ou socialdemocrata, a justiça social por meio da interrupção da reprodução das desigualdades.

Nossas sociedades fizeram da escola uma instituição encarregada de igualar as chances sociais: distribuindo títulos escolares destinados a recompensar o mérito dos indivíduos, ela cria mobilidade social e permite que as condições do nascimento não determinem a totalidade da existência. Desde os anos 1960, a escola tem se massificado, abrindo-se às crianças das classes populares que alcançam o primeiro e, depois, o segundo ciclo do ensino médio. Em termos de declínio da reprodução social, o balanço é medíocre (tendo em vista a intensidade da explosão escolar), uma vez que o alcance da democratização da escola mostra-se limitado. Sendo assim, transformar a escola para torná-la verdadeiramente democrática deve ser o primeiro plano de ação. Porém, na medida em que seria inócuo jogar apenas sobre a escola a exigência de fluidez social, é necessário também multiplicar os *momentos de igualdade* ao longo do curso da vida. A aplicação de um dispositivo universal de acesso à formação, garantido pelo Estado e mantido por financiamento público, poderia constituir a primeira pedra da construção de uma equalização das condições fora da escola. Lutando fortemente contra a fixação precoce dos destinos sociais, tal dispositivo permitiria modificar profundamente a maneira com que as sucessivas gerações chegam à cidadania, já que é verdade que o combate contra a reprodução das desigualdades não se resume ao campo profissional.

Por uma escola realmente democrática

Não é porque a massificação escolar não se traduz numa democratização à altura dos esforços despendidos que devemos abandonar a luta da escola. Mas é preciso que ela passe por uma tomada de consciência dolorosa: o sistema educacional francês, em sua forma de funcionar, não é ou não é mais (se já foi um dia) meritocrático. Ao contrário, seu elitismo traz como consequência a busca por uma excelência reservada a alguns eleitos, advindos, cada vez com mais frequência, dos meios favorecidos, ao passo que os "vencidos" da competição escolar ficam condenados ao destino de alunos e, depois, de cidadãos de segunda ordem.

Combater as desigualdades pela raiz

Uma vez que os diferentes níveis do sistema educacional abriram-se progressivamente às crianças das classes populares, as desigualdades em voga no campo escolar não são tanto desigualdades de acesso à educação (ao menos até a entrada no ensino superior) quanto *desigualdades de sucesso escolar*. Para além das desigualdades de trajetória que subsistem desde o ensino secundário, graças à hierarquização evocada mais ao alto, foi, na verdade, a precocidade das desigualdades de sucesso escolar que foi evidenciada, há muito tempo, pelos sociólogos da educação. Em função de sua origem social, as crianças chegam à escola com diferentes níveis. Porém, a escola não parece, em momento algum, capaz de corrigir tais desigualdades.

Ainda pior, elas aumentam rapidamente, desde os primeiros anos de escolaridade. Por exemplo, demonstrou-se que os alunos não somente saem do maternal e entram no ensino elementar* com níveis escolares socialmente distintos, mas que a progressão na escola primária difere também de acordo com a origem social, de tal modo que as diferenças sociais de sucesso escolar aumentam ao longo de todo o percurso (Caille e Rosenwald 2006). Logicamente, a parcela dos alunos "em atraso" na chegada ao sexto ano (as crianças tendo já reiniciado as aulas) varia intensamente, em razão da origem social. Considerando todas as origens misturadas, se 15% dos meninos estavam atrasados na chegada ao sexto ano em 2010, a proporção varia de 4% (para os filhos de professores ou executivos) a 20% (para os filhos de operários). Da mesma forma, com as meninas, a proporção varia de 2% a 17% (Ministère de l'Education Nationale 2011).

---

*   Ao passo que na França a educação primária é dividida em maternal (de 3 a 6 anos) e elementar (de 6 a 11 anos), no Brasil temos o ensino pré-escolar (até 6 anos) e o ensino fundamental 1 (de 6 a 11 anos). (N.T.)

A precocidade dessas desigualdades, a rapidez de sua intensificação e seu caráter cumulativo incitam a agir bem cedo na escolaridade, no momento em que elas são menos fortes, ou seja, na escola maternal e na escola primária. Ora, se a parcela do PIB reservada às despesas com educação posiciona a França na média da OCDE, esse esforço educativo é particularmente desequilibrado entre os diferentes níveis de ensino, principalmente em detrimento do ensino primário. Em 2006, comparada à média dos países da OCDE, a França gastava por volta de 5% a menos para um aluno do maternal, 15% a menos para um aluno do primário, e, em contrapartida, 10% a mais para um aluno do colégio e 26% a mais para um do liceu. Além disso, sempre em comparação à média dos países da OCDE, os educadores franceses na escola primária lidam com efetivos sensivelmente mais numerosos, sendo a diferença da ordem de 23% (OCDE 2009).

Essa situação, denunciada pelo Tribunal de Contas em seu relatório sobre a educação de 2010 (Cour des Comptes 2010), não resultou em uma tomada de consciência por parte dos poderes públicos, dado que o governo então em vigência prosseguiu com sua política de supressão de empregos na educação, especialmente na primária, porque já se tinha observado, no início dos anos 2000, uma redução da parcela do PIB reservada às despesas com o ensino primário e secundário, esse último passando de 4,5% em 1995 para 4,3% em 2000 e 3,9% em 2006. Esses números da OCDE, lembrados pelo Tribunal de Contas, fazem com que a França passe do segundo ao décimo primeiro lugar na Organização.

Na contracorrente das políticas implantadas nestes últimos anos, um sistema educativo realmente democrático não pode negligenciar os primeiros níveis de ensino. Eles são cruciais: se a escola acolhe alunos já socialmente desiguais, os primeiros anos de escolaridade figuram como o momento mais propício para reduzir a desvantagem dos mais fracos, muito frequentemente advindos das categorias sociais modestas. Mais educadores, com uma formação apropriada, em salas menos abarrotadas: aqui estão os três elementos indispensáveis a uma escola primária mais igualitária.

Romper com o elitismo

A intensificação das desigualdades sociais no sucesso escolar seguramente se explica por uma falta de meios (essencialmente no nível do ensino fundamental), em comparação com a maioria dos países da OCDE, mas também pelo elitismo da escola francesa. Christian Baudelot e Roger Establet (2009) destacaram os efeitos deletérios do "elitismo republicano e da cultura da avaliação, da classificação e da eliminação precoce". A busca pela excelência para um número restrito de eleitos, destinado a compor a elite da nação, traduz-se pela eliminação progressiva dos alunos menos preparados, provenientes massivamente dos meios modestos. A vitória de alguns indivíduos valorosos, "salvos" das classes populares, permite legitimar o destino menos glorioso de todos os outros, que, vencidos em uma competição escolar intensa, só podem se apoiar em si mesmos. O diagnóstico formulado por Baudelot e Establet (2009) é severo. A escola é o reflexo de toda a sociedade; ela "se considera mais justa e mais igualitária que muitas outras, ao passo que, na prática, ela permaneceu elitista e desigual".

De fato, as célebres pesquisas comparativas *Pisa*,* repetidas regularmente, fornecem um resultado terrível para a escola francesa:

---

* Pisa é a sigla do *Programme for International Student Assessment* e refere-se a um programa internacional de avaliação de alunos coordenado pela OCDE. (N.T.)

ela é aquela na qual a origem social pesa mais nos resultados escolares. Em 2006, a França era o país da OCDE onde a distância dos resultados entre os estudantes provenientes de meios sociais favorecidos e desfavorecidos era a maior – duas vezes maior do que em países como Japão, Canadá e Finlândia. Esse abismo entre alunos favorecidos e desfavorecidos não parou de aumentar nos últimos dez anos. Tal resultado permite ter a dimensão da intensidade da desigualdade das oportunidades escolares. Mas, na medida em que as pesquisas *Pisa* mostram que os países onde a distância entre os favorecidos e desfavorecidos é a menor são também aqueles que obtêm os melhores desempenhos de um ponto de vista global, elas sublinham também o risco não considerado que atinge a escola francesa: ver os interesses da (grande) maioria sacrificados em prol do sucesso de uma (muito pequena) fração.

Não existe escola perfeita, nem escola que ilusoriamente prometa apagar todas as diferenças sociais. Entretanto, as comparações internacionais indicam que, quanto mais a escola é rapidamente, e unicamente, "escolar", mais rapidamente crescem os abismos entre fracos e fortes. Uma escola menos escolar, ou seja, aquela que avalia e classifica mais tarde e transforma suas práticas pedagógicas, parece mais eficaz do ponto de vista da redução das desigualdades entre "fracos" e "fortes". Dado que as crianças das classes populares avolumam-se entre os fracos e as favorecidas entre os fortes, uma escola menos escolar nos primeiros anos seria mais justa e menos reprodutora.

As trajetórias de "excelência": Bela roupagem

O elitismo de nosso sistema educacional explica o relativo desinteresse pela escola maternal e primária; explica também porque, mais adiante no percurso escolar, poucos se preocupam com os 700 mil alunos dos liceus profissionalizantes, ao passo que os 70 mil alunos das classes preparatórias figuram no centro das atenções. Há vários anos, numerosos dispositivos foram instaurados, visando facilitar o acesso dos alunos dos liceus, provenientes de territórios e meios sociais desfavorecidos, às áreas de conhecimento de excelência, a exemplo das famosas "convenções ZEP"* da Universidade de Ciências Políticas (*Sciences Po*). Esses dispositivos têm um objetivo evidente e perfeitamente louvável: democratizar o acesso ao ensino superior e, mais especificamente, àquele dito de "excelência". Todavia, eles intervêm muito tardiamente e por meio de efetivos muito restritos para terem um efeito significativo sobre a real equalização das oportunidades sociais. Com efeito, eles favorecem alunos de liceus advindos de meios desfavorecidos, que, frequentando turmas do último nível geral, já são estatisticamente "sobreviventes" em um sistema educacional que exclui bem rapidamente as crianças dos meios mais populares.

Nós já destacamos a precocidade das desigualdades sociais no sucesso escolar e a concentração das crianças de meios modestos entre os "desgarrados escolares" e aqueles que se orientam aos setores menos prestigiados do ensino secundário. Só pensar a democratização da escola pela via dos dispositivos ditos de "excelência" equivale a consolidar uma escala integralmente corroída por seu último suporte. Além disso, esses dispositivos funcionam por meio de efetivos muito mais restritos. As estatísticas revelam que menos de 5% de uma certa faixa etária frequenta uma

---

* ZEP é a sigla para *zone d'éducation prioritaire* (zona de educação prioritária) e seu programa de convenções na Universidade de Ciências Políticas foi criado há mais de 10 anos para oferecer aos alunos oportunidades de rápida inserção profissional. (N.T.)

universidade de ponta. Mesmo se, ao final de várias décadas, tais dispositivos permitissem às grandes universidades serem um pouco mais a imagem da sociedade francesa (o que seria certamente um verdadeiro progresso), o cerne do problema da democratização do ensino superior continuaria.

Essas políticas de igualdade das oportunidades, levadas a conta-gotas nos setores de excelência, não devem permitir esconder sob um véu pudico a importância dos escalões universitários, que acolhem a maior parte dos novos estudantes, absorvendo os fluxos da massificação que acontece às portas do ensino superior. Estatisticamente, as crianças de origem modesta que continuam seus estudos depois do *bac* o fazem na universidade, nas breves trajetórias dos IUT ou se inscrevendo no segundo ciclo.* Uma vez que o Estado continua gastando anualmente 60% a mais para um aluno de classe preparatória do que para um na universidade, faz-se urgente beneficiar esse segundo grupo com as mesmas condições de estudo do primeiro. Os alunos da universidade deveriam ter os mesmos "direitos escolares" que os alunos do preparatório: "formação generalista, encaminhamento individual, explicitação dos métodos de trabalho, emprego do tempo estruturado, encorajamento para dar o melhor de si mesmo" (Truong e Truc 2012), grupos com poucos matriculados mais do que anfiteatros lotados.

Com essas condições de trabalho, o sucesso para a maioria deixaria de ser inacessível nos primeiros ciclos das universidades de massa. Para os poderes públicos, deveria parecer uma verdadeira urgência nacional. Diversas universidades funcionam em condições

---

*   O ensino superior francês divide-se em um primeiro ciclo de três anos, garantido a todos os titulares do *bac*, um segundo ciclo de dois anos, cujos participantes frequentemente passam por um processo seletivo, e um terceiro ciclo, correspondente ao nível de doutorado. (N.T.)

materiais desastrosas, fazendo com que muitos cursos restrinjam suas capacidades de acolhimento, com uma consequência trágica para o nosso país: a França não possui os meios de formar todos os jovens que assim desejam, condenando-os à renegação social e condenando a si mesma ao declínio.

A escola e o monopólio da formação

Fortes desigualdades sociais na área escolar põem em questão nossas sociedades democráticas e abalam nossas certezas meritocráticas. Essas desigualdades, no entanto, pesam muito mais quando as sociedades atribuem grande importância aos diplomas, fazendo dos títulos escolares um fator decisivo para alcançar os diferentes degraus da estratificação social. Essa constatação é particularmente verdadeira na França: não somente a origem social pesa intensamente sobre o sucesso escolar, mas a "dominação" do diploma permanece muito forte (Dubet, Duru-Bellat e Vérétout 2010). No fim das contas, uma parte importante do destino dos indivíduos está relacionada a um título escolar obtido ao fim de uma competição de partida viciada, de um ponto de vista social.

Certamente, em todos os países ocidentais, a qualidade da entrada no mercado é proporcional ao nível de educação. Quanto mais elevado o nível do diploma, mais forte é a probabilidade de evitar o desemprego, assim como aquela de obter um emprego estável e bem remunerado. Entretanto, esse vínculo entre formação e inserção profissional revela-se particularmente estreito na França (Couppé e Mansuy 2004). Além disso, a tendência à diminuição da mobilidade profissional intensificada pela progressão etária reforça ainda mais o peso do diploma inicial, notadamente para as coortes nascidas a partir dos anos 1960: elas foram mais raramente promovidas que as anteriores nos cargos executivos depois de 40 anos de idade, tendo a promoção pelo diploma suplantado a promoção pelo tempo de experiência (Koubi 2003b). De modo mais geral, se a probabilidade de mudar de emprego diminui ao longo do ciclo da vida, ela diminui bem rapidamente nos 10 primeiros anos de mercado de trabalho (Dupray e Recotillet 2009). Essa concentração do cerne da mobilidade profissional reforça o peso do diploma inicial, que não determina mais apenas as condições da inserção no mercado de trabalho, mas uma parte não negligenciável do todo da carreira profissional.

Esse declínio da promoção no curso da carreira explica-se evidentemente pelas dinâmicas que regem o mercado de trabalho, assim como pelas práticas em matéria de formação profissional. Isso significa que não podemos compreender a importância do diploma inicial sem levar em conta as condições em que a escola foi construída e instaurada na França. Encarregada do advento da sociedade republicana, a escola substituiu a Igreja para "instituir os indivíduos de uma França democrática, moderna e universal: os franceses e os cidadãos" (Dubet 2002, p. 88 ss.) Porém, ao mesmo tempo em que ela injeta na alma das crianças as "semelhanças essenciais que reclama a vida coletiva" (para retomar os termos de Durkheim), a escola da República procura promover os participantes mais merecedores das classes desfavorecidas.

Da mesma maneira que a angústia de ficar sem mão de obra qualificada explica o aumento das políticas de massificação escolar nos anos 1960, a preocupação de ir buscar a elite de amanhã em meio ao "povo" está nas bases do elitismo republicano. Uma vez que a escola alicerçou a sociedade republicana, recolocar em questão seu funcionamento e seus vereditos levaria a desestabilizar uma coesão social da qual o "mérito" constitui um dos pilares. Sem dúvida, é preciso ver, na dominação particularmente forte do diploma na França, os rastros do papel desmedido atribuído à escola: fazer triunfar a República, unir a sociedade.

Porém, indo além, tudo se passa como se fosse difícil de fazer aceitar a ideia de que a escola não tem o monopólio da formação dos indivíduos. Quando Pierre Mendès-France projeta em 1954 a criação de um Ministério da Juventude encarregado de assegurar a "formação de uma geração", ele teve de renunciar em razão das críticas ferrenhas que vinham principalmente das associações de educadores, que, com o pretexto de defender uma laicidade hipoteticamente ameaçada, viam com maus olhos a irrupção de um outro ministério, paralelo ao da Educação, único legítimo em sua visão (Bantigny 2012).

Pensar a formação no curso da vida

Atualmente, esmagada pelo peso dessa ambição original, a escola continua se vendo com a tarefa de produzir sanções, pela forma de títulos escolares, acerca dos quais muitos fingem acreditar que só refletem os méritos intrínsecos de seus detentores. Essa crença fixa os destinos sociais e encoraja a reprodução social, pois nem mesmo uma escola verdadeiramente democrática pode suportar sobre seus ombros todo o peso da justiça social.

Em primeiro lugar, com diploma equivalente, as crianças das classes populares seguem sem se beneficiar das mesmas trajetórias que as outras. Em segundo lugar, uma sociedade democrática deve se preocupar com o destino dos "vencidos" na competição (tanto escolar quanto social). Mesmo se as condições da disputa social se tornassem menos injustas, seria desejável que o destino dos indivíduos seguisse estreitamente ligado a seu percurso escolar e unicamente a este? Para se opor aos mecanismos da reprodução social, é necessário, ao contrário, multiplicar os momentos de igualdade ao longo do curso da vida, e, portanto, os momentos de formação. Evidentemente, a formação inicial deve exercer um papel preponderante, não por outra razão senão por ser a primeira e permitir aos indivíduos se elevar acima de sua condição de origem. Mas ela deve também constituir a primeira etapa de um percurso de formação que se desenvolve ao longo da vida, particularmente para os menos diplomados (na saída da formação inicial).

Desse ponto de vista, as características dos beneficiários da formação continuada sublinham, uma vez mais, a opressão do diploma inicial: 60% dos executivos e 58% dos profissionais intermediários tiveram acesso à formação continuada, mas, entre os operários e funcionários, os números foram de apenas 38% e 29%, respectivamente. A taxa de acesso à formação continuada na França cresce conforme aumenta o nível do diploma inicial (Lambert *et al.* 2009). Um modelo muito mais eficaz e bem conhecido é o da Alemanha, no qual, a despeito de um sistema escolar mais injusto (seleção mais precoce, clausura das áreas de conhecimento), o diploma inicial imprime menos importância sobre o percurso profissional, em razão do acesso mais frequente dos menos diplomados à formação continuada.

No momento em que a duração da vida profissional se alonga, em que o mercado de trabalho torna-se estruturalmente degradado e em que são valorizados os méritos da "mobilidade" individual, a sociedade não pode se considerar isenta da formação de seus membros, uma vez que assumiu mais ou menos bem sua formação inicial. Objetivos ambiciosos de formação ao longo da vida devem ser fixados. Sua realização passa, na França mais do que em outros lugares, por uma revolução cultural: afirmar que a formação inicial é apenas o primeiro período de um ciclo de formação que deve permitir aos indivíduos serem mais bem instrumentados em face das rupturas profissionais. Multiplicando sobretudo os momentos de igualdade, a formação continuada torna menos determinantes as condições de nascimento.

Um dispositivo universal de acesso à formação

A instauração de um dispositivo universal de acesso à formação permitiria a um maior número frequentar, em um momento ou outro da vida, o ensino superior. Isso instituiria um verdadeiro "direito à formação", transformando profundamente o acesso da juventude à autonomia e à idade adulta.

Bolsas mensais de formação

Concretamente, esse dispositivo universal do acesso à formação poderia se apoiar no financiamento público de um certo número de anos de formação a partir da idade de 18 anos ou a partir da entrada no ensino superior. Como na Dinamarca, onde existe um sistema de "bolsas mensais por sorteio", o poder público poderia financiar 60 bolsas mensais de formação (por cinco anos ao todo); os indivíduos exerceriam seu direito de concorrer no momento em que desejassem. Isso poderia evidentemente ocorrer durante a formação inicial, para os indivíduos que chegam ao limiar do ensino superior, mas isso também funcionaria na formação continuada para aqueles que não tivessem esgotado a totalidade de seu capital.

Por exemplo, um indivíduo, tendo cursado três anos de estudos superiores, começaria sua vida profissional com um saldo de dois anos de formação.

Esse sistema é particularmente justo e eficaz para aqueles e aquelas que saem do sistema escolar antes dos 18 anos. Eles entrariam, assim, no mercado de trabalho com um direito à formação de cinco anos, o que equivaleria a um direito à formação inicial distinta. O Estado tentaria, dessa forma, equalizar seus esforços de educação e formação, pois cada um iniciaria sua vida profissional com um direito à formação continuada inversamente proporcional à duração de sua formação inicial. Trata-se, em um espírito de justiça social, de favorecer os indivíduos menos diplomados e mais frágeis.

De certa perspectiva, esse dispositivo inspira-se na "alocação de autonomia" ou na "alocação de estudos", conduzidas por alguns sindicatos estudantis, mas ele vai além, inscrevendo esse direito, garantido pelo Estado, em uma temporalidade mais longa: a do curso da vida. A formação se tornaria realmente continuada, prolongada segundo as necessidades e demandas dos indivíduos.

Seguramente, as modalidades concretas devem ser discutidas: número, montante de bolsas mensais etc. Porém, avaliações mostram que o custo de tal medida, em um contexto orçamentário que volta a ser mais neutro, pode ser de fato assumido. Segundo um relatório publicado por Terra Nova, o custo líquido de um dispositivo de 36 mensalidades por volta de 500 euros cresceria para 4 bilhões por ano (Marceau, Allègre e Arnov 2010). Inversamente, esse dispositivo permitiria economizar despesas ligadas aos diversos auxílios destinados às famílias, bem como parte das despesas de formação profissional. Por exemplo, a meia-parte fiscal mantida após 18 anos para as crianças que seguem os estudos poderia desaparecer: se tornaria, com efeito, inútil ajudar as famílias a ajudar os jovens, pois estes seriam diretamente ajudados.

Esse novo direito à formação deveria ser garantido por uma lei; mas, no quadro de um diálogo social ampliado, ele poderia ser posto em prática de modo descentralizado. Financiamentos do Estado, de parceiros sociais e regionais, poderiam ser conjugados.

Favorecer a autonomia dos jovens

Se um consenso relativo foi esboçado, nos últimos anos, para fazer do Estado um ator que toma para si a dependência dos idosos, a ideia de que poderia ocorrer o mesmo em relação à autonomia dos jovens não se sustenta na França. O trabalho comparativo de Cécile Van de Velde (2008) possibilitou caracterizar o modelo francês de acesso à autonomia dos jovens. Evidentemente, é preciso levar em conta as características do sistema escolar, o tipo de Estado-providência e a cultura nacional para compreender a maneira com que os jovens atingem a idade adulta. Nota-se que a intervenção do Estado influencia profundamente essa etapa da vida.

Esse é o caso dos países escandinavos, graças aos dispositivos universais do tipo "alocação de autonomia". No Reino Unido, o recurso ao mercado é privilegiado, seja do mercado de trabalho, com um emprego para estudante muito desenvolvido, seja do mercado financeiro, com o frequente recurso ao endividamento para o financiamento dos estudos. Na Espanha e nos países do sul da Europa, os jovens, muito frequentemente, são um fardo sobre os ombros das famílias, e o acesso à autonomia é sensivelmente atrasado. Desse ponto de vista, e mesmo que o Estado intervenha (com o sistema das bolsas e as alocações de moradia), a França tende a se aproximar de seus vizinhos mediterrâneos: essa etapa da vida é, com frequência, "familiar". Ao contrário do que normalmente se pensa, a França não está entre os países mais generosos em matéria de auxílios aos estudantes. Mesmo se as taxas de matrícula universitárias são menores na França, o custo da vida estudantil é alto e tende a aumentar, principalmente em matéria de moradia.

Ainda sobre essa questão, os países do norte da Europa singularizam-se tanto pelas taxas de matrícula mais baixas, às vezes inexistentes, quanto pelos auxílios públicos generosos que permitem que 70% de uma geração alcance o ensino superior (OCDE 2011).

Destinado especialmente aos indivíduos que chegam ao limiar do ensino superior, esse financiamento público, mediante um sistema de bolsas de formação, possui uma vantagem evidente: permite sustentar os jovens das classes populares que estariam ameaçados de renunciar aos estudos superiores por motivos financeiros. Além disso, tal dispositivo permitiria abrandar a transição entre os estudos e o emprego. A pesquisa de Cécile Van de Velde evidenciou a maneira com que os jovens dinamarqueses faziam da juventude um momento para "se encontrar": os vaivéns entre estudos e emprego não são raros. A garantia pelo Estado do financiamento de uma parte dos estudos permite a retomada tardia da formação inicial, depois de uma ou mais experiências no mercado de trabalho. A contrapelo dessa "lógica de experimentação", trata-se, sobretudo para os jovens franceses, de "se colocar" o mais rápido possível no término de um período mais ou menos longo de entremeio – nem totalmente dependentes, nem totalmente autônomos.

Seguramente, nas últimas décadas, as despesas com educação, que beneficiam os mais jovens, aumentaram consideravelmente. Nota-se que, afora o sistema de bolsas e de alocação de moradia, os jovens foram amplamente excluídos da solidariedade nacional. A falha está na fronteira dos 25 anos, curiosamente central em nossa sociedade, que condiciona a uma idade mínima o acesso a um certo número de alocações ou de proteções. Foi especificamente o caso do RMI, depois do RSA.* Ele foi estendido aos jovens com menos de 25 anos em um segundo momento, mas em condições tão drásticas (comprovar dois anos de trabalho durante os três anos precedentes ao pedido) que os jovens são amplamente excluídos.

Essa exclusão da proteção social tem, no entanto, consequências dramáticas e se traduz na proliferação de bolsões de pobreza no cerne da juventude. Se, nos anos 1970, as porcentagens de pobreza mais elevadas eram observadas entre os mais velhos, uma reviravolta espetacular aconteceu. Bolsões de pobreza consideráveis subsistem entre os mais idosos, porém a pobreza é de agora em diante mais frequente estatisticamente entre os jovens adultos. Em 2009, 750 mil jovens com idade entre 20 e 29 anos podiam ser considerados pobres (com renda inferior a 50% da renda média), sendo 10% de sua geração, contra menos de 4% daqueles acima de 60 anos.

A fim de evitar a "latinização" de uma parcela da juventude francesa (Van de Velde 2010), a instauração das bolsas de formação deve, desse modo, ser seguida pela abertura do conjunto dos direitos sociais (e especialmente do RSA) a partir da idade de 18 anos para os jovens em situação de precariedade, que nem estudam nem trabalham. Salvo se considerarmos que aqueles com menos de 25 anos são por natureza menos corajosos que os de mais idade e seriam, por isso, mais inclinados a se contentar com rendimentos de solidariedade, não há razão alguma (a não ser financeira) para deixar de estender os direitos sociais a partir da maioridade. Mais amplamente, essa discriminação pela idade é um dos símbolos das dificuldades vivenciadas pela sociedade francesa a se instalar entre

---

* A sigla RMI significa *revenu minimum d'insertion* (renda mínima de inserção), e a sigla RSA significa *revenue de solidarité active* (renda de solidariedade ativa). (N.T.)

seus jovens. Tal discriminação é ainda mais incompreensível pelo fato de que as políticas que são direcionadas em favor da inserção dos jovens são guiadas pelas mesmas lógicas que as políticas destinadas àqueles com mais de 25 anos (Lima 2012). Desse ponto de vista, transformar a maneira com que os jovens chegam à formação e à autonomia é também formar cidadãos por inteiro.

Os jovens diante de seu futuro

Afrouxar os nós da reprodução social e tornar menos determinantes as condições do nascimento não se resume às questões de emprego ou de mobilidade social. Esse direito universal à formação, com um Estado que assume uma parte substancial do custo da formação e acompanha o acesso à autonomia, representa igualmente uma ocasião de mudar o lugar destinado à juventude.

A juventude francesa é frequentemente caricaturada. A mobilização dos alunos de liceu e dos estudantes, quando da última reforma das aposentadorias no outono de 2010, cedeu espaço à litania das ladainhas habituais. Os jovens franceses do início dos anos 2000 seriam de uma tristeza e de um conformismo desesperadores, já ocupados com a contagem de seus trimestres de cotizações, ao passo que na mesma idade as gerações precedentes sonhavam em mudar o mundo. Assim como os demais franceses, os jovens estariam particularmente pessimistas e inquietos em relação ao futuro, em proporções bem mais elevadas que seus coetâneos europeus.

Esse tipo de discurso, no entanto, não resiste à prova da comparação. Nos últimos anos, as manifestações dos jovens disseminaram-se da Grécia ("geração 700 euros") à Espanha ("geração 1.000 euros"), do Reino Unido ao Canadá, contra o aumento das taxas de inscrição na universidade.

Em relação à percepção de seu futuro, os jovens franceses também não constituem uma exceção. Na pesquisa social europeia de 2006,[1] antes da explosão da crise financeira, foi pedido que os entrevistados medissem em uma escala de 0 ("não inquietos") a 10 ("muito inquietos") sua apreensão quanto ao nível da renda com a qual eles imaginavam viver quando se aposentassem. Os franceses de 18 a 30 anos atribuíram uma nota média de 6,5, comparável à dos jovens alemães, portugueses e espanhóis. Os jovens desses países diferenciam-se, em contrapartida, dos jovens finlandeses, dinamarqueses, suecos e noruegueses, muito mais otimistas e cuja nota média não ultrapassa 4. Da mesma maneira, interrogados sobre sua percepção do futuro, de 70% a 75% dos jovens escandinavos se dizem "sempre otimistas", contra 62% dos franceses, acompanhados em seu otimismo mediano pelos alemães e, em um grau inferior, pelos britânicos. Último exemplo: convidados a exprimir seu grau de satisfação quanto a seu trabalho, os jovens franceses atingem uma nota de 6,7, bem menos elevada que a dos jovens dos países do norte da Europa, mais comparável a seus semelhantes alemães ou britânicos.

Se realmente existe, do ponto de vista da percepção sobre o futuro, uma especificidade das juventudes nórdicas, os jovens franceses não são os únicos a exprimir suas crenças. Mas o que os particulariza de modo impressionante é o sentimento de não ter a possibilidade de provar do que são capazes. Na verdade, mais de 50% dos jovens franceses afirmam que têm "poucas chances de mostrar o que podem fazer"; eles estão no topo dessa "lista de indicados" do desencantamento, distantes dos portugueses (menos de 40%), que ocupam o segundo lugar. Se existe uma especificidade da juventude francesa, deve-se procurá-la na sensação de que a

---

1. L'*European Social Survey* (*ESS*) é uma pesquisa comparativa bienal aplicada na maioria dos países europeus.

sociedade em que ela vive não lhe deixa possibilidade de exprimir seu dinamismo e seus talentos, ou mostrar do que ela é realmente capaz (Peugny 2011). Por que existe essa sensação? A dominação do diploma inicial e a fixação precoce dos destinos que lhe segue exercem, sem dúvida, influência, assim como a contradição em que se encontram os jovens franceses: de um lado, um imperativo à independência e à autonomia, mas, de outro, a necessidade de pedir ajuda aos pais, um sentimento de dependência culpada em uma sociedade que, ao contrário das latinas, não vê oficialmente a família como um pilar de solidariedade. Pode-se falar, com Cécile Van de Velde, de "familiarização induzida" para qualificar essa dependência familiar não assumida pela sociedade.

Da desfiliação à cidadania

Esse sentimento de não ter chance de se pôr à prova nutre outro sentimento: o de não controlar seu destino. No contexto de uma pesquisa realizada pelo Laboratório das Ideias do Partido Socialista em 2010, 36% dos jovens de 18 a 30 anos entrevistados disseram só ter "um pouco de poder real sobre o que [lhes] acontece", proporção que atinge os 52% para os jovens moradores de uma zona urbana específica. Como já se esperava, quanto mais os recursos culturais e econômicos de que dispõem são limitados, mais forte é esse sentimento (atingindo, por exemplo, 52% dos jovens com, no máximo, um título *BEPC* ou *BEP*).*

---

* A sigla BEPC significa *brevet d'études du premier cycle* (licença de estudos do primeiro ciclo) e a sigla BEP significa *brevet d'études professionnelles* (licença de estudos profissionais). (N.T.)

Ora, tal sentimento de fatalidade alimenta a desfiliação social e a sensação de exclusão. Como se sentir cidadão de uma sociedade de que se é excluído? Dos jovens que sentem ter o controle sobre o que lhes acontece, 52% declaram se interessar por política, contra 34% dos que se sentem impotentes diante do que acontece. Dos primeiros, 66% equiparam esquerda e direita ("que seja direita ou esquerda, é sempre a mesma coisa"), índice já elevado, mas que sobe para 80% dos segundos.

Essa sensação de não controlar sua própria vida não é anódina e gera consequências cruciais para a maneira com que os jovens assumem seu papel de cidadãos. Quando buscamos prever a probabilidade de um jovem se dizer interessado por política, encontramos resultados conhecidos há muito tempo. O fator gênero é importante, já que, com idade, diploma e situação profissional equivalentes, os homens têm duas vezes mais chances de se declararem interessados por política do que as mulheres. Em seguida, o nível de diploma assume um papel decisivo: os titulares de um mestrado ou de um doutorado têm sete vezes mais chances de se declararem interessados do que os não titulados ou os titulares de um BEP. Entretanto, em um nível equivalente de diploma, a sensação de controlar sua existência, assim como aquela de ter a capacidade de mudar as coisas (em certo grau), exercem um efeito significativo sobre a probabilidade de se interessar por política.

A imobilidade social e a fixação precoce dos destinos explicam em parte tais atitudes de pessimismo, de retraimento ou de desinteresse pela esfera pública. Nesse sentido, o sistema educacional tem um papel decisivo a assumir para que os jovens tenham, de partida, confiança nas instituições e para que encontrem seu lugar na sociedade, na qualidade de trabalhadores e cidadãos.

Fazer da escola da República uma escola verdadeiramente democrática, que dá a si o tempo necessário de enfrentar melhor as desigualdades, possibilitaria acompanhar melhor os filhos das classes populares em direção ao sucesso escolar e a melhores empregos.

Instaurando um dispositivo de formação para todos, válido ao longo de toda a vida e garantido pelo Estado, o peso do nascimento, dos estudos e do diploma poderia diminuir; a multiplicação dos momentos de formação e, portanto, de igualdade permitiria combater melhor as diferenças entre as gerações. Porém, de modo ainda mais fundamental, insuflando uma mudança radical na maneira com que o acesso à autonomia é pensado, a sociedade atribuiria um símbolo maior de reconhecimento à sua juventude, nas ações, muito mais do que nos discursos. Trata-se de considerar cada indivíduo, quaisquer que sejam suas características, como um cidadão responsável e de pleno direito. É por isso que tal dispositivo deve ser universal.

A questão da universalidade desse tipo de dispositivo é importante, principalmente em um período de deságio orçamentário. Por que fazer dessa intervenção do Estado um direito universal? Por que ajudar todos os jovens da mesma maneira, inclusive aqueles que *a priori* não teriam necessidade, uma vez advindos de meios favorecidos? A justiça social não deveria, ao contrário, impor que se ajude antes aqueles que realmente têm necessidade? Por que não estipular um teto de renda familiar, acima do qual esse direito não se aplicaria, ou instaurar uma alocação diferenciada sobre o modelo RMI e, depois, RSA?

A essas objeções, podemos responder que um dispositivo universal encontraria facilmente consenso na sociedade, inclusive nas camadas mais confortáveis, cujos filhos se beneficiariam dos mesmos direitos. Podemos também responder que, a partir do momento em que os mais favorecidos contribuem para o financiamento de um dispositivo à altura de seus rendimentos (a exemplo de um imposto verdadeiramente progressivo), seu caráter universal abala menos o senso de equidade. Mas, sobretudo, esse dispositivo deve ser universal porque permite precisamente reconhecer cidadãos – cidadãos que não existem pelas condições de seu nascimento, mas sim pelo olhar que a sociedade lhes lança: indivíduos livres que é preciso acompanhar durante o percurso de uma verdadeira autonomia, tanto financeira quanto social.

CONCLUSÃO
DA SOCIEDADE HEREDITÁRIA À UNIVERSALIDADE DE DIREITOS

Se a justiça e a democracia progridem em uma sociedade à medida que diminui o peso da origem social sobre o destino de seus membros, então as três últimas décadas parecem ter sido perdidas na França. Com efeito, ao longo dos últimos 25 anos, a intensidade da reprodução social não diminuiu. Mensurado pela categoria socioprofissional do emprego que ocupam, o destino dos filhos das classes populares melhorou muito sutilmente, e principalmente porque a estrutura dos empregos cresceu durante o período. E o pior: mesmo que as crianças advindas dos meios mais favorecidos tenham visto suas perspectivas abrirem-se em proporção mais ou menos equivalente, nenhum progresso foi realmente alcançado em matéria de igualdade das chances. Os mecanismos que regem a distribuição dos indivíduos em meio ao espaço social parecem permanecer invariáveis.

Tal constatação leva a desmitificar as teorias da "medianização" que alguns ainda defendem. A profecia de uma sociedade sem classes é fortemente desmentida pela persistência do determinismo do nascimento. Se o aumento da precariedade e do rebaixamento social para algumas camadas crescentes da população cria tensões muito fortes entre grupos ainda que próximos no espaço social, derrubando a identidade coletiva das classes populares, não resta nenhuma dúvida de um ponto de vista objetivo: a sociedade francesa continua uma sociedade de classes, seja em relação à escolaridade, à inserção profissional, seja em relação aos salários ou ao patrimônio. Os destinos, nesse sentido, divergentes dos filhos das classes populares, de um lado, dos filhos dos executivos e profissionais liberais, de outro, fazem jus à tese da dualização da sociedade francesa. Essa dualização não se limita aos empregos, aos contratos de trabalho, aos salários; ela é igualmente vista nas perspectivas que se oferecem às gerações que crescem.

Historicamente é, sobretudo, a mobilidade social que inquieta. A sociologia do pós-guerra fervilha com alertas sobre uma mobilidade social muito forte. O indivíduo em ascensão aparece aí como um ser potencialmente perigoso, perdido entre seu grupo social de origem e aquele ao qual passa a pertencer. Atormentado entre duas identidades, esse dissidente traz necessariamente consigo o rastro de um conflito psíquico. As inquietudes são individuais (isolamento social, solidão e mergulho em si mesmo, doenças diversas), mas, sobretudo, coletivas. O deslocamento de um número tão grande de indivíduos poderia constituir uma ameaça à coesão social e à estabilidade do regime político das sociedades de massa: indivíduos dilacerados por um grande conflito identitário poderiam adotar atitudes políticas extremas. Resumindo, encorajar fortes taxas de mobilidade social seria ignorar "as provas evidentes do custo social e psicológico" de tal movimento: um custo provavelmente elevado "no plano da combatividade, da frustração, do desenraizamento e de outros problemas decorrentes" (Lipset e Bendix 1959).

Essas inquietudes, formuladas já há meio século, no início dos Gloriosos Trinta, provocam hoje o riso. Pois agora é a intensidade da reprodução das desigualdades que ameaça a coesão social. Esse grau de imobilidade interpela nossa democracia e a República. Esse determinismo do nascimento, em uma sociedade que eleva a mobilidade e a autonomia dos indivíduos a valores extremos, derruba a confiança nas instituições. A desconfiança, particularmente forte na França, assim como o pessimismo dos franceses, deve ser interpretada pelo prisma da reprodução massiva das desigualdades. Como se projetar para o futuro, se o destino parece determinado desde a mais tenra idade? Como se sentir cidadão, se as trajetórias excepcionais de alguns indivíduos não conseguem mais dissimular a condenação social de outros milhões?

Lutar contra a reprodução social é, portanto, uma necessidade imperiosa, que deveria ser aceita por todos: o determinismo do nascimento não satisfaz nenhuma concepção de justiça social. Em teoria, dois processos podem conduzir a uma diminuição da imobilidade social. Primeiro, um forte aumento das perspectivas profissionais, o que acaba por beneficiar também as crianças das classes populares, por menos que se eleve seu nível de formação. Segundo, se a parcela do assalariado médio e superior não aumenta consideravelmente, é preciso que a alocação dos cargos se opere de modo mais justo, para que os escolhidos sejam recrutados com um pouco menos de frequência dentre as crianças favorecidas. Na sociedade francesa tal como é, tudo acontece como se apenas profundas transformações estruturais, vinculadas a períodos econômicos excepcionais, pudessem contrariar a reprodução das desigualdades.

Para a escola "republicana", a constatação é severa: uma vez que se encerra o período de forte crescimento, a elevação das taxas de escolarização se mostra impotente para interromper a imobilidade social. É preciso, então, distinguir duas etapas no processo de massificação escolar. Uma primeira abertura escolar beneficia as coortes nascidas nos dias que se seguiram à Segunda Guerra Mundial; associada à difusão rápida do assalariado médio e superior que acompanha os Gloriosos Trinta, ela permite que os filhos das classes populares se beneficiem de um movimento importante de promoção social. Uma segunda explosão escolar, que corresponde à abertura do liceu com o objetivo de "80% no *bac*", choca-se contra uma dinâmica invertida no mercado de trabalho. Tal como funciona o sistema educacional na França hoje, a escola, sozinha, não pode gerir bem a exigência de equalização das condições: é preciso, assim, reformar o sistema educacional e, para isso, reconhecer o fracasso do sistema republicano tal como foi pensado desde o fim do século XIX.

O modelo francês consiste em recrutar uma elite interclassista, promovendo alguns alunos merecedores das classes mais desfavorecidas. Em sua versão moderna, de uma individualização das oportunidades "à americana", o modelo permite abrir os setores ditos "de excelência" a alguns escolhidos das classes populares via dispositivos particulares. A cada vez, obtém-se um mesmo resultado: para poucas vitórias estrondosas, uma massa de relegados com os quais a sociedade não se preocupa mais, ou muito pouco.

A revolução que nós preconizamos persegue um objetivo bem diferente: fazer de modo que o destino dos indivíduos não seja engessado desde a mais tenra idade. Para tanto, é preciso que a escola se torne verdadeiramente democrática, mas também que seus vereditos jamais sejam definitivos: uma sociedade nunca deveria considerar que ela já concluiu a equalização das condições. Por isso, o dispositivo universal de acesso à formação provocaria uma reviravolta salutar nas políticas públicas e práticas sociais em nosso país. Ele faria progredir a igualdade de oportunidades, já que multiplicaria as vias de acesso às posições mais estáveis e mais bem remuneradas: graças a ele, nem tudo está definido no término da formação inicial, uma vez que os indivíduos teriam segundas chances reais. Mas, sobretudo, ele faria progredir a igualdade dos "cargos" (Dubet 2010): a sociedade poderia lutar ao mesmo tempo contra a relegação daqueles que jamais vão empreender caminhos de excelência e, assim, contra os estigmas do nascimento. Fazer de modo que, tanto quanto possível, nada esteja definitivamente determinado: essa poderia ser a definição da equalização das condições nas sociedades atingidas pela mundialização.

Para além desse dispositivo, a progressão da igualdade das condições não ocorrerá sem repensar os conteúdos, as condições de trabalho, os salários e o lugar das diferentes profissões. Mesmo que este ensaio tenha evocado com frequência a "probabilidade de ser executivo" para demonstrar a correlação entre a origem social e as posições sociais ditas "superiores", ele não defende fetichismo algum da categoria socioprofissional. O que terá sido alcançado, uma vez que o acesso aos melhores cargos não depender mais do nascimento? A sociedade terá acabado com as desigualdades, uma vez que os executivos serão recrutados com a mesma proporção dentre os filhos de operários e os filhos de executivos? Evidentemente não.

Para diminuir o peso da reprodução social, não será, pois, suficiente tornar a competição pelos cargos mais justa, menos marcada pelo timbre da origem. É também contra a dualização da sociedade que é preciso lutar, pela equalização dos empregos, das condições de trabalho, dos estatutos, das remunerações. Trata-se do lugar que a sociedade reserva àqueles e àquelas que trabalham, numerosos, à sombra dos vencedores, e geralmente a seu serviço.

REFERÊNCIAS BIBLIOGRÁFICAS

ACCARDO, Jérôme e BUGEJA, Fanny (2009). "Le poids des dépenses de logement depuis vingt ans", *Cinquante ans de consommation en France*, Insee Référence.

ALBOUY, Valérie e WANECQ, Thomas (2003). "Les inégalités sociales d'accès aux grandes écoles". *Économie et Statistique*, n. 361, pp. 27-52.

ALONZO, Phillipe e CHARDON, Olivier (2006). "Quelle carrière professionnelle pour les salariés non qualifiés?". *Données sociales*, Insee, pp. 265-272.

AMOSSE, Thomas e CHARDON, Olivier (2006). "Les travailleurs non qualifiés: Une nouvelle classe sociale?". *Économie et Statistique*, n. 393-394, pp. 203-229.

BANTIGNY, Ludivine (2012). "Une politique de la jeunesse entre compétition et légitimation. L'expérience Mendès-France". In: BECQUET, Valérie et al. (org.). *Politiques de jeunesse: Le grand malentendu*. Nîmes: Champ social éditions, pp. 32-46.

BAUDELOT, Christian e ESTABLET, Roger (2000). *Avoir Trente ans en 1968 et 1998*. Paris: Seuil.

_____ (2009). *L'élitisme républicain. L'école française à l'épreuve des comparaisons internationales*. Paris: Seuil/La République des Idées.

BAUDELOT, Christian e GOLLAC, Michel (1997). "Le salaire du trentenaire: question d'âge ou de génération?". *Économie et Statistique*, n. 304-305, pp. 17-35.

_____ (2003). *Travailler pour être heureux? Le bonheur et le travail en France*. Paris: Fayard.

BEAUD, Stéphane e PIALOUX, Michel (2009). *Retorno à condição operária: Investigação em fábricas Peugeot na França*. Trad. Mariana Echalar. São Paulo: Boitempo.

BERNHARDT, Annette et al. (2001). Divergent paths. *Economic mobility in the new American labor market*. Nova York: Russel Sage Foundation.

BIDOU, Catherine (1984). *Les aventuriers du quotidien. Essai sur les nouvelles classes moyennes*. Paris: PUF.

BIGOT, Régis (2009). "Les classes moyennes sous pression". *Consommation et modes de vie*, Credoc, n. 219, mar.

BJÖRKLUND, Anders e JÄNTTI, Markus (2000). "Intergenerational mobility of socio-economic status in comparative Perspective". *Nordic Journal of Political Economy*, n. 26-1, pp. 3-22.

BOUHIA, Rachid et al. (2011). "Être sans diplôme aujourd'hui en France: Quelles caractéristiques, quels parcours et quel destin?". *Économie et Statistique*, n. 443, pp. 29-50.

BOURDIEU, Pierre e PASSERON, Jean-Claude (1964). *Les Héritiers. Les étudiants et la culture*. Paris: Minuit.

_____ (1975). *A reprodução: Elementos para uma teoria do sistema de ensino*. Rio de Janeiro: Francisco Alves.

BREEN, Richard (org.) (2004). *Social mobility in Europe*. Oxford: Oxford Univeristy Press.

CAILLE, Jean-Paul e ROSENWALD, Fabienne (2006). "Les inégalités de réussite à l'école élémentaire: Construction et évolution". *Données sociales*, Insee, pp. 115-137.

CARTIER, Marie et al. (2008). *La France des "petits-moyens". Enquête sur la banlieue pavillonnaire*. Paris: La Découverte.

CASTEL, Robert (2005). *A insegurança social: O que é ser protegido?* Trad. Lucia M. Endlich Orth. Petrópolis: Vozes.

_____ (2009). *La montee des incertitudes. Travail, protection, statut de l'individu*. Paris: Seuil.

CAUSA, Orsetta et al. (2009). "Intergenerational social mobility in european OECD countries". *OECD Economics Department Working Papers*, n. 709, OECD Publishing.

CHAUVEL, Louis (1998). *Le destin des générations. Structure social et cohortes en France au XXe siècle*. Paris: PUF.

_____ (2001). "Le retour des classes sociales". *Revue de l'OFCE*, n. 79, pp. 314-359.

_____ (2006). *Les classes moyennes à la derive*. Paris: Seuil/La République des Idées.

_____ (2012). "Les raisons de la peur: les classes moyennes sont-elles protégées de la crise?". *Les notes de l'OFCE*, n. 18, abr.

CLERC, Denis (2008). *La France des travailleurs pauvres*. Paris: Grasset.

CLERC, Marie-Émilie; MONSO, Olivier e POULIQUEN, Erwan (2011). "Les inégalités entre générations depuis le baby-boom". *L'Économie Française*, Insee, pp. 47-67.

COHEN, Daniel (2006). *Trois Leçons sur la société post-industrielle*. Paris: Seuil/La République des Idées, pp. 52-53.

COLLECTIF (2009). "École ségrégative, école reproductrice". *Actes de la Recherche en Sciences Sociales*, n. 180, dez.

CORAK, Miles (2006). "Do poor children become poor adults? Lessons from a cross country comparison of generational earnings mobility". *IZA Discussion Paper*, n. 1.993.

COUPPE, Thomas e MANSUY, Michèle (2004). "L'insertion professionnelle des débutants en Europe: Des dituations contrastées". *Économie et Statistique*, n. 378-379, pp. 147-165.

COUR DES COMPTES (2010). "L'Éducation nationale face à l'objectif de la réussite de tous les élèves". *Rapport public thématique*, 12/5.

DUBET, François (2002). *Le declin de l'institution*. Paris: Seuil.

_____ (2010). *Les places et les chances*. Paris: Seuil/La République des Idées.

DUBET, François; DURU-BELLAT, Marie e VERETOUT, Antoine (2010). *Les societe et leur école. Emprise du diplôme et cohésion sociale*. Paris: Seuil.

DUPAYS, Stéphanie (2006). "En un quart de siècle, la mobilité sociale a peu evolué". *Données sociales*, Insee.

DUPRAY, Arnaud e RECOTILLET, Isabelle (2009). "Mobilités profissionnelles et cycle de vie". *Économie et Statistique*, n. 423, pp. 31-58.

DURKHEIM, Émile (1978). *Educação e sociologia*. Trad. Lourenço Filho. São Paulo: Melhoramentos/Fename.

DURU-BELLAT, Marie e KIEFFER, Annick (2008). "Du baccalauréaut à l'enseignement supérieur en France: Déplacement et recomposition des inégalités". *Population*, v. 63, n. 1, pp. 123-158.

ERIKSON, Robert e GOLDTHORPE, John (1992). *The constant flux*. Oxford: Clarendon Press.

FAUVET, Laurent (2009). "Le poids du logement dans le budget des ménages: Une approche historique et générationnelle". *Dossier du compte du logement provisoire*, CGDD, pp. 47-72.

GIRARD, Alain; BASTIDE, Henri e POURCHER, Guy (1963). "Enquête nationale sur l'entrée en sixième et la démocratisation de l'enseignement". *Population*, n. 1, pp. 9-48.

GIRET, Jean-François et al. (2006). "Le déclassement des jeunes sur le marché du travail", *Données sociales*, Insee, pp. 307-314.

GRUNBERG, Gérard e SCHWEISGUTH, Étienne (1983). "Le virage à gauche des classes moyennes salariées". In: LAVAU, Georges et al. (orgs.). *L'univers politique des classes moyennes*. Paris: Presses de Sciences Po, pp. 351-367.

ICHOU, Mathieu e VALLET, Louis-André (2011). "Do all roads lead to inequality? Trends in French upper secondary school analyzed with four longitudinal surveys". *Oxford Review of Education*, v. 37, n. 2, pp. 167-194.

JAUNEAU, Yannick (2009). "Les employés et ouvriers non qualifiés. Un niveau de vie inférieur d'un quart à la moyenne des salariés". *Insee Première*, n. 1.250, jul.

KOUBI, Malik (2003a). "Les carrières salariales par cohorte de 1967 à 2000". *Économie et Statistique*, n. 369-370, pp. 149-171.

_____ (2003b). "Les trajectoires professionnelles: Une analyse par cohorte". *Économie et Statistique*, n. 369-370, pp. 119-147.

LAMBERT, Marion et al. (2009). *Quand la formation continue. Repères sur les pratiques de formation des employeurs et des salariés*, Cereq.

LANDAIS, Camille (2007). "Les hauts revenus en France (1998-2006): Une explosion des inégalités?". *Paris School of Economics*, jul.

LEFRANC, Arnaud e TRANNOY, Alain (2004). "Intergenerational earnings mobility in France: Is France more mobile than the US?". *Working Paper*, n. 401, Idep, fev.

LIMA, Léa (2012). "Politiques d'insertion et citoyenneté sociale des jeunes". In: BECQUET, Valérie *et al.* (org.). *Politiques de jeunesse: Le grand malentendu*. Nîmes: Champ Social. pp. 126-137.

LIPSET, Seymour e BENDIX, Reinhard (1959). *Social mobility in industrial society*. Berkeley: University of California Press.

LUCAS, Samuel (2001). "Effectively maintained inequality: Education transitions, track mobility, and social background effects". *American Journal of Sociology*, v. 106, n. 6, pp. 1.642-1.690.

MARCEAU, Alain; ALLÈGRE, Guillaume e ARNOV, Maud (2010). *L'Autonomie des jeunes au service de l'égalité*. Paris: Terra Nova, nov.

MARX, Karl e ENGELS, Friedrich (1996). *Manifesto do Partido Comunista*. Trad. Marco Aurelio Nogueira e Leandro Konder. Petrópolis: Vozes. (Clássicos do Pensamento Político)

MAURIN, Éric (2009). *La peur du déclassement*. Paris: Seuil/La République des Idées.

MENDRAS, Henri (1988). *La seconde Révolution Française. 1965-1984*. Paris: Gallimard.

MERLE, Pierre (2000). "Le concept de démocratisation scolaire: Une typologie et sa mise à l'épreuve". *Population*, v. 55, n. 1, pp. 15-50.

_____ (2012). "À qui profitent les dépenses éducatives?". *La Vie des Idées*, 22 maio.

MINISTÈRE DE L'ÉDUCATION NATIONALE (2009). "Les orientations postbaccalauréat. Evolution de 2000-2007". *Note d'information 09.15*, jun.

_____ (2010). L'État de l'école. [Disponível na internet: http://cache.media.education.gouv.fr/file/etat20/87/0/l_etat_de_l_ecole_2010_160870.pdf, acesso em 10/3/2014.]

_____ (2011). Repères et références statistiques. [Disponível na internet: http://media.education.gouv.fr/file/2011/01/4/DEPP-RERS-2011_190014.pdf, acesso em 9/3/2014.]

_____ (2012). "Les étudiants en classes préparatoires aux grandes écoles: Rentrée 2011". *Note d'information 12.02*, abr.

MORIN, Edgar (1967). *Commune en France. La métamorphose de Plodémet*. Paris: Fayard.

NEWMAN, Katherine (1993). *Declining fortunes: The withering of the American dream*. Nova York: BasicBooks.

NISBET, Robert A. (1959). "The Decline and Fall of Social Class". *Pacific Sociological Review*, v. 2, n. 1, pp. 11-17.

OCDE (2009). Regards sur l'education. [Disponível na internet: http://www.oecd.org/fr/education/apprendre-au-dela-de-l-ecole/43636350.pdf, acesso em 31/3/2014.]

_____ (2011). Regards sur l'education. [DisponíveL na internet: http://www.oecd.org/education/skills-beyond-school/48631572.pdf, acesso em 31/3/2014.]

PAUGAM, Serge e DUVOUX, Nicolas (2008). *La regulation des pauvres. Du RMI au RSA*. Paris: PUF.

PEUGNY, Camille (2008). "Éducation et mobilité sociale: La situation paradoxale des générations nées dans les années 1960". *Économie et Statistique*, n. 410, pp. 23-45.

_____ (2011). "Les jeunesses européennes, leurs difficultés et leur perception de l'avenir: Une tentative de comparaison". *Informations sociales*, n. 165-166, pp. 50-59.

PINÇON, Michel e PINÇON-CHARLOT, Monique (1998). *Grandes fortunes: Dynasties familiales et formes de richesse en France*. Paris: Payot.

PROST, Antoine (1997). *Éducation, societe et politiques. Une histoire de l'enseignement de 1945 à nos jours*. Paris: Seuil.

REICH, Robert (1994). *O trabalho das nações: Preparando-nos para o capitalismo do século 21*. Trad. Claudiney Fullmann. São Paulo: Educator.

ROSE, José (2012). *Quest-ce que le travail non qualifié?*. Paris: La Dispute.

THELOT, Claude e VALLET, Louis-André (2000). "La réduction des inégalités sociales devant l'école depuis le début du siècle". *Économie et Statistique*, n. 334, pp. 3-32.

SASSEN, Saskia (1991). *The global city. New York, London, Tokyo*. Princeton: Princeton University Press.

SAUTORY, Olivia (2007). "La démocratisation de l'enseignement supérieur: Evolution comparée des caractéristiques sociodémographiques des bacheliers et des étudiants". *Éducation et Formations*, n. 74, abr., pp. 49-64.

SCHWARTZ, Olivier (2009). "Vivons-nous encore dans une société de classes? Trois remarques sur la société française contemporaine". *La Vie des Idées*, set.

SIMMEL, Georg (1981). *Sociologie et épistémologie*. Paris: PUF.

SWIFT, Adam (2004). "Would perfect mobility be perfect?". *European Sociological Review*, v. 20, n. 1, pp. 1-11.

TRUONG, Fabien e TRUC, Gérôme (2012). "Ce que 'l'enfer des prépas' ne dit pas". *Le Monde*, 17 fev.

VALLET, Louis-André (1999). "Quarante années de mobilité sociale en France. L'évolution de la fluidité sociale à la lumière de modèles récents". *Revue française de sociologie*, v. 40, n. 1, pp. 5-64.

VALLET, Louis-André e SELZ, Marion (2007). "Évolution de l'inégalité des chances devant l'école: Des méthodes et des résultats revisités". *Éducation et Formations*, n. 74, abr., pp. 65-74.

VAN DE VELDE, Cécile (2008). *Devenir adulte. Sociologie comparée de la jeunesse en Europe*. Paris: PUF.

_____ (2010). Prefácio do dossiê "Jeunes d'aujourd'hui, France de demain". *Problèmes politiques et sociaux*, n. 970, mar.

VAN ZANTEN, Agnès (2009). *Choisir son école. Stratégies familiales et médiations locales*. Paris: PUF.

WAGNER, Anne-Catherine (2007). *Les classes sociales dans la mondialisation*. Paris: La Découverte.

Especificações técnicas

Fonte: Gentium Basic 10,5 p
Entrelinha: 15 p
Papel (miolo): Offset 75 g
Papel (capa): Supremo 250 g
Impressão e acabamento: Paym